DEUTSCH

Rechtschreibung 5. und 6. Klasse
ISBN 978-3-411-05684-2

Rechtschreibung 7. und 8. Klasse
ISBN 978-3-411-05693-4

Grammatik 5. und 6. Klasse
ISBN 978-3-411-71372-1

Grammatik 7. und 8. Klasse
ISBN 978-3-411-71382-0

Diktattrainer 5. Klasse
Mit Audio-CD zum Üben
ISBN 978-3-411-71013-3

Diktattrainer 6. Klasse
Mit Audio-CD zum Üben
ISBN 978-3-411-71023-2

Diktattrainer 7. Klasse
Mit Audio-CD zum Üben
ISBN 978-3-411-71033-1

Diktattrainer 8. Klasse
Mit Audio-CD zum Üben
ISBN 978-3-411-71043-0

Aufsatz/Erzählen
5. bis 7. Klasse
ISBN 978-3-411-05823-5

Aufsatz/Bericht
5. bis 8. Klasse
ISBN 978-3-411-05733-7

Aufsatz/Inhaltsangabe
7. bis 10. Klasse
ISBN 978-3-411-05802-0

Aufsatz/Beschreibung
7. bis 10. Klasse
ISBN 978-3-411-05761-0

Aufsatz/Erörterung
7. bis 10. Klasse
ISBN 978-3-411-05742-9

ENGLISCH

Englisch 5. Klasse
ISBN 978-3-411-71282-3

Englisch 6. Klasse
ISBN 978-3-411-71292-2

Englisch 7. Klasse
ISBN 978-3-411-71302-8

Englisch 8. Klasse
ISBN 978-3-411-71311-0

Englisch 9. Klasse
ISBN 978-3-411-71321-9

Englisch 10. Klasse
ISBN 978-3-411-71331-8

FRANZÖSISCH

Französisch 7. Klasse
ISBN 978-3-411-70241-1

Französisch 8. Klasse
ISBN 978-3-411-70251-0

Französisch 9. und 10. Klasse
ISBN 978-3-411-70261-9

Duden Schülerhilfen

Diktattrainer 7. Klasse

Rechtschreibung und Diktate
mit Methode üben

von Marc Dehoust, Annegret Ising,
Kerstin Kraemer, Holger Moos,
Monika Pfitzner-Göbel und Hans-Jörg Richter

mit Illustrationen von Detlef Surrey

3., aktualisierte Auflage

mit Audio-CD zum Üben

Dudenverlag
Mannheim · Leipzig · Wien · Zürich

Bibliografische Information der Deutschen Nationalbibliothek
Die Deutsche Nationalbibliothek verzeichnet diese Publikation in der Deutschen Nationalbibliografie; detaillierte bibliografische Daten sind im Internet über http://dnb.ddb.de abrufbar.

Nach den ab 1. 8. 2006 gültigen Rechtschreibregeln.

Redaktion: Annika Renker, Jürgen Folz
Herstellung: Tobias Kaase
Umschlagkonzept: Bender & Büwendt, Berlin
Umschlagabbildung: Detlef Surrey, Berlin
Satz: Sigrid Hecker, Mannheim
Druck und Bindung: Heenemann GmbH & Co., Berlin
Printed in Germany
ISBN-13: 978-3-411-71033-1
ISBN-10: 3-411-71033-0

Liebe Schülerin, lieber Schüler!

Gehörst du auch zu den Schülern, die bei Diktaten Schwierigkeiten haben? Mach dir nichts daraus, denn schließlich ist noch kein Meister vom Himmel gefallen. Mit dieser „Duden-Schülerhilfe" kannst du jedoch einer werden! Es lohnt sich auch richtig: In der 7. Klasse sind viele deiner Deutscharbeiten Diktate – von ihnen hängt somit ein großer Teil der schriftlichen Note ab. Übe also fleißig mit diesem Buch. Diktate ohne Fehler werden dann für dich bald kein Problem mehr sein.

Wenn du bisher beim Schreiben von Diktaten nicht so erfolgreich warst, kann das mehrere Gründe haben:

- **Diktate machen dir Angst.** Wenn du eigentlich gut gelernt hast und dennoch eine schlechte Note schreibst, dann liegt dies vermutlich an deiner Angst vor Diktaten und du kannst dich verbessern, indem du an deiner Diktattechnik arbeitest. Für dich ist der allgemeine Übungsteil (Seite 9–15) besonders wichtig.
- **Es gibt bestimmte Fehler, die du immer wieder machst.** In diesem Fall musst du einfach sehr viel üben. Dazu sind im zweiten Teil Übungen nach typischen Fehlern beim Lernstoff für die 7. Klasse sortiert. Es gehören immer mehrere Übungen zu einem Übungsblock. Beginne mit der ersten Übung aus dem Übungsblock, in dem du die meisten Fehler machst oder den ihr in der Schule gerade behandelt (und der deshalb Thema des nächsten Diktats sein wird). Arbeite nun die ganze Einheit von vorne bis hinten durch. Aber nie mehr als eine Doppelseite pro Tag!

Noch zwei wichtige **Hinweise zur Rechtschreibung und Zeichensetzung,** damit du gut zurechtkommst:

- Seit dem 1. August 2006 ist die neue amtliche Rechtschreibregelung in der Schule allein verbindlich. Dieser Band folgt dem letzten Stand des amtlichen Regelwerks gemäß dem Beschluss der Kultusministerkonferenz vom März 2006. In einigen Fällen erlauben die Rechtschreibregeln unterschiedliche Schreibweisen eines Wortes und beide sind richtig! In diesem Buch wird an den entsprechenden Stellen auf die Varianten hingewiesen, in den folgenden Übungen und Texten in der Regel aber nur eine Schreibung verwendet, und zwar die von Duden empfohlene Variante.

- In einigen Fällen erlauben die Rechtschreibregeln, dass man ein Komma setzen darf, aber nicht muss. Aus Gründen der Übersichtlichkeit haben wir an diesen Stellen in der Regel ein Komma gesetzt.

In diesem Buch gibt es folgende **Symbole,** die dir die Orientierung erleichtern:

Bei dem Ausrufezeichen findest du **Regeln** oder **Merksätze.**

Mithilfe der **Aufgaben** kannst du die wichtigsten Themen zunächst üben.

Dies ist das Zeichen für ein allgemeines **Testdiktat.**
Es gibt verschiedene Möglichkeiten, ein solches Testdiktat durchzuführen. Am Ende jeder Doppelseite steht ein Diktat, insgesamt gibt es mehr als 40 davon.
Keine Panik, gerade diese große Menge soll dir helfen, die Angst vor einem Diktat in der Schule zu verlieren. Schließlich ist dieses dann ja nur noch eines von vielen.
Wie du mit diesen Texten am besten übst, steht im allgemeinen Übungskapitel.

Dort steht auch ganz genau, wozu die **CD** gut ist und wie man ein **Schleichdiktat** und ein **Partnerdiktat** schreibt.

Dieses Zeichen weist dich darauf hin, dass an dieser Stelle **Fehler** eingestreut sind.

Und nun wünschen wir dir viel Erfolg mit diesem Buch!

Autoren und Redaktion

Allgemeiner Übungsteil

1. Zeichensetzung

2. Groß- und Kleinschreibung

3. Fremdwörter

4. Getrennt- und Zusammenschreibung

5. Gleich und ähnlich klingende Laute

Allgemeiner Übungsteil

Der normale Ablauf

Es gibt Lehrerinnen und Lehrer, die ihren ganz eigenen Stil haben, ein Diktat zu diktieren. Die meisten gehen aber nach einem festen System vor.

A 1 Verbinde die sechs Schritte des Diktates mit den Gründen, weshalb sie gemacht werden, und bringe sie in die richtige Reihenfolge.

nochmaliges Vorlesen des gesamten Textes ☐	○ *Möglichkeit, den Text kennen zu lernen*
Vorlesen des gesamten Textes ☐	○ *Gelegenheit, den Text in überschaubaren Abschnitten zu schreiben*
Zeit zum Kontrollieren und Verbessern ☐	○ *Kennenlernen des ganzen Satzes, um auch seine grammatische Struktur zu verstehen*
Wiederholung von Schritt 2 und 3 durch den ganzen Text ☐	○ *Gelegenheit zu überprüfen, ob man alle Wörter richtig verstanden und aufgeschrieben hat*
Vorlesen eines Satzes ☐	○ *Schreiben des ganzen Textes*
Diktieren dieses Satzes in Teilabschnitten ☐	○ *Möglichkeit, die richtige Schreibung nochmals in Ruhe zu bedenken*

A 2 Hier findest du Tipps, was man vor, während und nach dem Diktat tun sollte. Aber Achtung! Jeweils ein Tipp ist falsch. Welcher?

- Prüfen, ob noch genügend Tinte im Füller ist.
- Sichtschutz bauen, damit der Nachbar nicht abgucken kann.
- Überprüfen, ob noch genügend Platz im Heft ist. Im Zweifelsfall ein Ersatzheft einstecken.
- Auf die Toilette gehen.

- Platz lassen, wenn man nicht mitgekommen ist und Wörter fehlen.
- Wörter, bei denen man unsicher ist, markieren.
- Schauen, ob der Nachbar auch alles so geschrieben hat wie man selbst.
- Erst zuhören, dann schreiben.

- Bloß schnell abgeben, damit man Richtiges nicht doch noch falsch schreibt.
- Wort für Wort beim Vorlesen vergleichen.
- Den Text noch mal Wort für Wort rückwärts lesen, weil man Fehler so besser findet.
- Den Text nochmals gründlich lesen, um zu sehen, ob die Sätze auch alle vollständig und grammatisch richtig sind.

Üben – aber wie?

Schleichdiktat

Bei dieser Methode übst du, dir möglichst lange Abschnitte genau zu merken. Lege den Text dazu ein paar Meter weit weg, sodass du aufstehen und hingehen musst, um ihn lesen zu können. Schreibe dann den folgenden Text auf, indem du zum Text gehst, dir einen Abschnitt merkst, an deinen Schreibtisch zurückkehrst und ihn aufschreibst. Dann musst du dir den nächsten Abschnitt durchlesen, merken und aufschreiben. Am Ende nimmst du den Text wieder mit an deinen Arbeitsplatz und vergleichst ihn mit dem, was du aufgeschrieben hast. Bei dieser Übung kannst du deine Gedächtnisleistung besonders gut überprüfen. Dein Gedächtnis ist gut, wenn du nicht öfter zum Text gehen musstest, als unser Richtwert sagt (Strichliste machen!). Aber belüge dich nicht selbst! Du solltest dabei auch nicht ins Trödeln kommen. Auf Zeitrichtwerte haben wir aber trotzdem verzichtet. Lasse dich durch nichts ablenken.

Kinderarbeit um 1900

Wie in allen agrarischen Gesellschaften, so galt auch in den USA* die Mitarbeit von Kindern in der Landwirtschaft als selbstverständlich.* Im Zuge der Industrialisierung wurde dann Kinderarbeit* für viele Familien aus der Arbeiterschaft ein wichtiger Teil ihrer Überlebensstrategie,* da das Einkommen des Familienvaters oft völlig unzureichend war.* 1880 gingen 16,8 Prozent aller Kinder zwischen 10 und 15 Jahren einer Arbeit nach.* Bis 1920 war diese Zahl nur auf 11,3 Prozent gesunken.* Häufig leisteten Kinder Heimarbeit oder wurden in Industriezweigen beschäftigt,* in denen sie wegen ihrer Schnelligkeit und geringen Körpergröße besonders gut einsetzbar waren,* wie an der Spinnmaschine oder im Bergbau.* Lange Arbeitszeiten, schlechte Arbeitsbedingungen und Minimallöhne* prägten den Arbeitsalltag vieler Kinder.* Zeit für einen geregelten Schulbesuch blieb unter diesen Bedingungen nicht.* Eine Kinderschutzgesetzgebung ließ sich jedoch zunächst nur auf einzelstaatlicher Ebene durchsetzen.* Erst im Jahre 1938 wurde Kinderarbeit in fast allen Wirtschaftszweigen verboten.* In den Entwicklungsländern ist sie trotz dieses Verbotes aber noch immer bittere Realität. *(159 Wörter)*

Richtwert für die Zahl der Gänge: 16

Weitere Texte, die sich gut als Schleichdiktat üben lassen, findest du im ganzen Heft. Sie sind durch das entsprechende Zeichen gekennzeichnet. Die Sternchen (*) zeigen dir die mögliche Länge eines Abschnittes, den du dir merken solltest.

Am eigenen Fehlerschwerpunkt üben

Hast du spezielle Fehlerschwerpunkte? Wenn du das bis jetzt noch nicht weißt, weil unter deinen Arbeiten Bemerkungen wie „Wann machst du endlich mal ein Komma?" gefehlt haben, dann musst du dich jetzt selbst an die Analyse deiner Fehlerschwerpunkte machen:
Nimm dir deine letzten drei oder vier Diktate vor und mache für jeden Fehler einen Strich in der Tabelle. Wenn du das Gefühl hast, ein Fehler könnte in mehrere Kategorien gehören, so mache ruhig auch an mehreren Stellen einen Strich. Es kommt hier nicht darauf an, möglichst

wenig Striche zu machen, sondern darauf, festzustellen, in welchem Bereich man die meisten Fehler macht.

Zeichensetzungsfehler	
Groß- und Kleinschreibung	
Getrennt- und Zusammenschreibung	
Fremdwörter	
Verwechslung ähnlicher Buchstaben	
Flüchtigkeitsfehler	
Grammatikfehler	

Wenn du in einer oder mehreren der oberen fünf Spalten besonders viele Striche gemacht hast, so ist es ganz einfach, für dich einen Übungsplan aufzustellen: Nimm dir einfach das entsprechende Kapitel in diesem Heft vor und arbeite es gründlich durch.
Wenn du hauptsächlich Flüchtigkeitsfehler machst, fällt es dir vielleicht besonders schwer, dich zu konzentrieren. Neben Schleichdiktaten helfen dir dann vielleicht besonders Partnerdiktate, bei denen jemand genau auf dich aufpasst und dich zwingt, jeden Satz genau zu überprüfen. Wie das mit dem Partnerdiktat genau geht, steht auf Seite 14.
Grammatikfehler können verschiedene Ursachen haben. Vielleicht wohnst du in einer Gegend, in der viel Dialekt gesprochen wird. Dann fällt es dir schwerer als anderen, z. B. die richtige Endung zu finden. Vielleicht kannst du manchmal aber auch nicht richtig hören, was dein Lehrer oder deine Lehrerin sagt. Ein Besuch beim Hals-Nasen-Ohren-Arzt kann dir da schnell Klarheit geben. Doch zunächst kannst du üben, indem du Aufgaben wie die auf Seite 13 löst. Bitte Geschwister oder Freunde, für dich ähnliche Texte zu schreiben oder beim Abschreiben von Texten ähnliche Fehler zu machen, die du dann finden musst.

A 3 Ergänze die fehlenden Wörter im Text.

Porzellan

Porzellan stammt ursprünglich China. In Europa kam man erst zu des 18. Jahrhunderts hinter das Geheimnis Porzellanherstellung. Nach nach entstanden Porzellanmanufakturen, die Geschirr und Figuren aus diesem Material herstellten. Lange Zeit blieb es aber trotzdem sehr teuer, da von Hand bemalt wurde. Künstlerisch hochwertiges und handbemaltes Porzellan kostet auch noch sehr viel Geld. Während die meisten Porzellanhersteller deshalb dazu übergegangen, das Dekor mittels Abziehfolien auf das Geschirr zu bringen und einzubrennen, gibt es andererseits noch Betriebe, in denen jeder Teller aussieht, weil er per Hand verziert wurde. berühmtes Service heißt „Flora Danica". Es besteht aus 700 Teilen und jedem Teil ist eine andere Blume oder Pflanze abgebildet. Die Vorlagen für die Bilder stammen aus einer achtzehnbändigen Sammlung Stichen, die alle Pflanzen enthält, die bis 1883 im dänischen Reich entdeckt hatte. Selbstverständlich hat solch ein außergewöhnliches Geschirr auch außergewöhnlichen Preis. Dennoch in der Porzellanmanufaktur in Kopenhagen genügend Bestellungen ein.

A 4 Ergänze die fehlenden Endungen im Text.

Die Gründung des Roten Kreuzes

Die Idee zur Gründung des Roten Kreuz entstand auf den Kriegsschauplätzen Oberitalien. Der Genfer Bankier und Schriftsteller Henri Dunant erlebte als Journalist persönlich die furchtbare Lage der Verwundete nach der Schlacht von Solferino und verfasste darüber ein erschütternden Bericht.
Auf Dunant Betreiben wurd 1863 das Internationale Komitee zur Unterstützung der Verwundete gegründet. Eine internationale Konferenz erarbeitet die am 22. August 1864 von zwölf europäischen Staaten unterzeichnete Genfer Konvention. Sie verpflichtet Krieg führende Mächte dazu, Ambulanzen, Militärkrankenhäuser und deren Personal als neutral zu behandeln und zu schützen sowie verwundet oder krank

Heeressoldaten ungeachtet ihrer Nationalität zu versorgen. In der Folgezeit wurde die Konvention auch auf Verwundete der Marine, Kriegsgefangen und Zivilist ausgedehnt. Das Rot Kreuz war geboren.

Testdiktat, Partnerdiktat, CD-Diktat

Jetzt wird es Zeit, den Ernstfall zu proben.
Als Text eignet sich eigentlich fast alles, was auf Deutsch geschrieben wurde und den Regeln der neuen Rechtschreibung entspricht. Am leichtesten ist es jedoch, wenn du einfach die Diktattexte nimmst, die du in den entsprechenden Übungsteilen jeweils unten auf der rechten Seite findest.
Jetzt brauchst du nur noch jemanden, der dir hilft, indem er dir den Text diktiert. Das kannst du zum Beispiel selber sein: Nimm dir einen Kassettenrekorder und sprich dir den Text selbst auf Band. Achte dabei darauf, dass du zwischen den Sinnabschnitten kleinere Pausen lässt. Hier hältst du später die Kassette an, um den Abschnitt zu schreiben, ehe du dir den nächsten Teil anhörst.
Eine andere Möglichkeit besteht darin, dass du jemanden bittest, dir den Text zu diktieren. Damit bist du noch näher an der Situation, die du aus der Schule kennst.
Du kannst dir von dem Diktierenden aber auch helfen lassen. Das nennt man dann **Partnerdiktat,** weil dein Partner dich nicht prüfen, sondern dir helfen soll. Während du schreibst, passt er genau auf, was du zu Papier bringst. Am Ende eines Satzes sagt er dir, wenn du einen Fehler gemacht hast. Falls du ihn dann nicht allein findest, gibt er dir einen Tipp. Du kannst ihn bei Unsicherheiten aber auch schon beim Schreiben fragen, wie ein Wort geschrieben wird. So vermeidest du Fehler und prägst dir nichts Falsches ein.
Schließlich hast du die Möglichkeit, mit der beigelegten **CD** zu arbeiten. Dort haben wir einige der Texte im Heft so aufgesprochen, dass die Sinnabschnitte durch ein Gongzeichen getrennt sind. Immer wenn du es hörst, musst du die Pausentaste drücken und den Abschnitt schreiben. Danach geht es dann mit dem nächsten Abschnitt weiter.
Auch die Texte, die auf der CD enthalten sind, sind durch ein besonderes Piktogramm gekennzeichnet.

Die **Testdiktate** empfehlen wir als Selbstdiktat (mit Kassettenrekorder) oder als Fremddiktat (durch Eltern, Geschwister, Freunde ...).
Natürlich kannst du auch diese Diktate als **Schleichdiktat** üben.
Doch egal, welches Diktat du übst und wie du es dir diktierst oder diktieren lässt: Wenn du vorher die Übungen auf der entsprechenden Doppelseite machst, wird es dir viel leichter fallen und du machst weniger Fehler.

Zeichensetzung

Komma zwischen Haupt- und Nebensatz – Konjunktionalsatz

A 1 Unterstreiche im folgenden Text alle unterordnenden Konjunktionen und setze die fehlenden Kommas!

Unsere Crew blickt nachdem wir die Erde in Schallgeschwindigkeit verlassen haben auf unseren Heimatplaneten zurück. Obwohl wir uns alle freuen und stolz sind, ausgewählt worden zu sein, sind einige auch gespannt, welche Abenteuer, Rätsel und unlösbaren Aufgaben unsere Mission mit sich bringen wird. Als von einem unbekannten Planeten außerhalb unseres Sonnensystems die ersten Funksignale empfangen werden wird unsere Expedition dorthin sofort vorbereitet. Die Leitung unserer Behörde stellt nachdem alle Länder der Erde Vorschläge gemacht haben ein Team zusammen. Die Leiterin unserer Expedition wird für einige Zeit zu Forschungszwecken dort bleiben wenn es die Umstände erlauben. Weil gerade ein neuer Space-Driver entwickelt worden ist kann sie damit dann zur nächsten Raumstation zurückfliegen. Von dort kann sie auch wichtige Instrumente anfordern falls ihr Forschungsgeräte fehlen.

A 2 In der folgenden Tabelle sind Hauptsätze und Nebensätze etwas durcheinandergeraten. Du bekommst den Text sicher wieder auf die Reihe. Beginne beim Satz mit dem Sternchen. Schreibe den richtigen Text in dein Heft, achte auf die Kommasetzung!

obwohl sie von unserer Ankunft überrascht zu sein schienen	würden sie uns gerne behilflich sein	sollten wir uns an den Rat wenden	sofort mit einer Röntgen-kamera Aufnahmen gemacht	Falls wir Fragen hätten	war sie von dem Stand der Technik beeindruckt
Sie betonten aber	weil wir so mehr Informationen zusammen-tragen konnten	weil wir sie zuerst nicht verstehen konnten	uns frei auf dem Planeten zu bewegen	Sie be-grüßten uns freundlich	während der Anführer der Delegation sprach

fand er dann doch ein passendes	trat uns eine Delegation bunter Aliens entgegen	Unsere Leiterin hatte	*Als wir nach kurzer Zeit auf dem Planeten landeten	dass wir ständig von einer Flugkamera überwacht werden würden	Obwohl dieser erst einige Sprachprogramme testen musste
Wenn wir es wünschten	Wir beschlossen, uns in mehrere Gruppen aufzuteilen	Die Aliens erlaubten uns,	Als sie feststellte	Wir mussten unseren Sprachdecoder bemühen	dass das Gehirn der Aliens durch einen Computer ergänzt wird

Erkundung des Planeten

Einige Forscherinnen und Forscher begaben sich direkt, nachdem sie sich die typische Kleidung der Aliens besorgt hatten, in die nächste größere Stadt. Als sie dort ankamen, waren sie über die Ruhe und die saubere Luft erstaunt. Doch ihr Begleiter erklärte ihnen: Wir fahren, wenn wir uns fortbewegen wollen, mit solarbetriebenen Luftschiffen. Nachdem wir das computergesteuerte Leitsystem eingeschaltet haben, brauchen wir nicht mehr zu lenken oder auf die anderen Verkehrsteilnehmer zu achten. Da unser Planet von mehreren Sonnen umgeben ist, wird es bei uns nie dunkel. Unsere Zeit berechnen wir, weil wir von Sonne und Mond unabhängig sind, in Einheiten von einhundert Stunden und zehn Dekaden. Nachdem wir zehn Dekaden gearbeitet haben, haben wir die gleiche Anzahl an freien Tagen. Auch eine Schule gibt es nicht bei uns. Die Kinder benutzen das Planet-Net, wenn sie etwas lernen wollen. Dort können sie sich an Fachleute wenden, sodass ihre Fragen direkt beantwortet werden. Nachdem sie dann vor einer Kommission eine Prüfung abgelegt haben, beginnen sie mit ihrer Ausbildung. *(168 Wörter)*

Komma zwischen Haupt- und Nebensatz – Relativsatz

A 3 Wandle die in Klammern gesetzten Informationen in Relativsätze um und achte auf die Zeichensetzung!

→ Der Karneval *(gilt im Rheinland als fünfte Jahreszeit)* wird dort groß gefeiert.
→ An vielen Schulen werden Karnevalssitzungen oder Partys veranstaltet *(werden von Schülerinnen und Schülern organisiert).*
→ Für die Sitzungen *(stehen immer unter einem besonderen Motto)* fällt dann auch der Unterricht aus.
→ Es wird natürlich auch ein Kostümwettbewerb durchgeführt *(dabei werden die originellsten Verkleidungen prämiert).*
→ Viele *(halten sich sonst eher im Hintergrund)* sind an Karneval die Stars.
→ Die Schülerinnen und Schüler spielen Sketche und halten Büttenreden, *(sagen sie den Lehrerinnen und Lehrern auf nette Art und Weise die Meinung).*
→ Besonders beim Karaoke *(ungeahnte Talente werden entdeckt)* sind alle begeistert.
→ Karnevalslieder und Hits *(sind gerade aktuell)* werden natürlich von allen mitgesungen.
→ Manchmal führen auch die Lehrerinnen und Lehrer *(verkleiden sich oft einfallsreich)* ein Lied und einen Tanz auf.

A 4 Auch einige Relativsätze sind närrisch geworden und haben ihre Plätze getauscht. Du findest sicher heraus, wie der Text richtig heißen muss. Schreibe den richtigen Text in dein Heft und setze die fehlenden Kommas.

Am Tag der Weiberfastnacht an dem nur noch vereinzelt gefeiert wird übernehmen um 11.11 Uhr die Narren die Regierung. Dabei werden die Rathäuser aus denen Karnevalsmusik erklingt von den Jecken friedlich gestürmt. Besonders die Frauen zeigen an diesem Tag wer eigentlich die Hosen anhat. Allen Männern die am Zugweg liegen schneiden sie diese ab. Rosenmontag der Veilchendienstag heißt bleiben die Betriebe und Schulen geschlossen. Die Geschäfte die bis Aschermittwoch in närrischer Hand bleiben werden natürlich auch nicht geöffnet. Manchmal errichten die Besitzer die überhaupt nicht feiern wollen Wände aus Brettern. Die Besitzer der Kneipen in denen traditionell kein Karneval gefeiert wird freuen sich natürlich über das zusätzliche Geschäft. Sie stellen die Boxen ihrer Musikanlage an denen der Zug vorüberzieht in die Fenster. Am Tag danach an dem fast überall Karnevalsumzüge stattfinden muss man sich dann erst einmal ausruhen. Deshalb findet auch an diesem Tag den man auf Rheinisch „Wieverfastelovend" nennt kein Unterricht statt. Diejenigen die eine Krawatte tragen nutzen die tollen Tage für einen Kurzurlaub. Sie fahren dann in Gegenden die Angst um ihre Schaufenster haben.

Dr Zoch kütt – Rosenmontag in Köln

Schon am Morgen beginnen die Menschen, die den Zug anschauen wollen, am Straßenrand zu feiern. Mit Bussen und Bahnen, die gut gefüllt waren, sind sie aus der Umgebung angereist. Aus Straßencafés und Kneipen hört man die Lieder, die in diesem Jahr die Hits sind. Überall singen und tanzen Menschen, die einmal im Jahr ungezwungen feiern wollen. Gegen Mittag zieht dann der Zug, der mehrere Kilometer lang ist, an den Menschen vorüber. Dabei wechseln sich Tanzkapellen, Fußgruppen und Wagen ab, von denen in großen Mengen Süßigkeiten und kleine Sträußchen geworfen werden. Besonders die Kinder, die in der ersten Reihe stehen, können dann hinterher eine gut gefüllte Tasche nach Hause tragen. Wenn die Kapellen, die bekannte Karnevalslieder spielen, vorbeiziehen, singen und schunkeln alle am Straßenrand mit. Besonders beklatscht werden natürlich die Fußgruppen, die originelle Kostüme tragen. Einige Fußgruppen, die am Zug teilnehmen, haben sich extra für dieses Ereignis zusammengetan. Sie beginnen schon im Herbst mit der Herstellung ihrer manchmal sehr aufwendigen Kostüme, die sie selbst nähen. *(170 Wörter)*

Die Kommas werden nicht mitdiktiert.

Komma bei indirektem Fragesatz – eingeleitet durch ein Fragewort

A 5 Bei Schulenbergs ist eingebrochen worden, die zuständigen Polizisten – Kommissar Josef Wächter und Peter Bund, sein lispelnder Assistent – haben eine ganze Menge Fragen an die Familie.

Wandle die folgenden Fragen in indirekte Fragen um, formuliere die Redebegleitsätze möglichst abwechslungsreich und achte auf die Zeichensetzung!

Folgenden Regelsatz solltest du dir merken:

Auch bei indirekten Fragen, die mit einem Fragewort eingeleitet werden, steht zwischen dem Redebegleitsatz und der indirekten Frage ein Komma!

A 6 Formuliere aus den folgenden Fragen der Kriminalbeamten einen Text mit indirekten Fragen. Achte auf einen möglichst abwechslungsreichen Satzbau und vermeide Wiederholungen von Wörtern und Wendungen.

Warum hat der Dieb an einem Vormittag zugeschlagen?

Warum verhält sich Wencke, die Tochter der Familie, so seltsam?

Woher wusste der Dieb, dass die Gartentür offen stand?

Warum war der Dieb so unvorsichtig und hat Fingerabdrücke hinterlassen?

Wie viel Zeit hat der Dieb im Haus verbracht?

Wem würde der Dieb die gestohlene Ware wohl anbieten?

Was haben die Nachbarn mitbekommen?

Welcher Juwelier in der Stadt würde den Schmuck wohl kaufen?

Test

Der mittellose Dieb

Als Frau Schulenberg von dem Erfolg des Kommissars erfuhr, überlegte sie erwartungsvoll, wie viel Geld der Dieb jetzt an sie zahlen müsse. Leider musste der Kommissar sie enttäuschen und ihr mitteilen, dass der Dieb bei seiner Festnahme gefragt habe, von welchem Geld er etwas zurückzahlen solle. Er habe schon alles ausgegeben. Daraufhin erkundigte sich Herr Schulenberg, wer der Familie jetzt den Schaden ersetze. Es käme darauf an, was für eine Versicherung er abgeschlossen habe, antwortete Josef Wächter darauf. Was das denn für eine kuriose Gesetzgebung sei, ereiferte sich Herr Schulenberg darauf. Frau Schulenberg überlegte schnell, welche Schadensfälle die Hausratversicherung abdecke. Diebstahl bei offener Tür war darin jedoch nicht eingeschlossen. Warum der Dieb denn nicht im Gefängnis arbeiten müsse, fragte die Tochter in die Runde. Welchen Beruf er erlernt habe, wollte sie wissen. Ihr Bruder interessierte sich dafür, welche Arbeitsmöglichkeiten es im Gefängnis gäbe. Wie lange der Dieb wohl brauche, um den Schaden zu ersetzen, fragte er den Kommissar. *(161 Wörter)*

Die Kommas werden nicht mitdiktiert.

Komma bei indirektem Fragesatz – eingeleitet durch „ob“

Wandelt man Fragen, bei denen die Personalform des Verbs am Anfang steht, in indirekte Fragen um, so werden diese durch ob eingeleitet! Zwischen der indirekten Frage und dem Begleitsatz steht ein Komma; ist die indirekte Frage eingeschoben, wird sie in Kommas eingeschlossen.

A 7 Wandle in den folgenden Sätzen die wörtliche Rede und den Begleitsatz in indirekte Fragen um, achte auf die Zeichensetzung!

„War Christoph Kolumbus, der Entdecker Amerikas, wirklich ein großer Held?“, diese Frage stellen sich heute viele Menschen. Denn die Frage: **„Hatte die Entdeckung Amerikas nicht auch große negative Folgen?“**, bejahen heute viele Menschen. **„Wäre das Reich der Maya auch ohne die Eroberung durch die Europäer zerstört worden?“**, auch diese Frage ist noch nicht geklärt. Aber: **„Lebten die Menschen dort in einer primitiven oder in einer hoch entwickelten Kultur?“**, zu diesem Problem gibt es inzwischen weitreichende wissenschaftliche Erkenntnisse.

A 8 Formuliere aus den Stichworten indirekte Fragen und verbinde sie mit den Begleitsätzen, achte auf die Zeichensetzung!
Vor der Vorbereitung seiner Fahrt stellt Kolumbus einem Freund in einem Brief folgende Fragen:

Er fragt sich	**genug Geld für die Ausrüstung der Expedition zusammenbekommen**
genügend erfahrene Seeleute geben	ist für Kolumbus eine existenzielle Frage
Er stellt seinem Freund die Frage	**glauben, dass es Kolumbus mit einer Fahrt nach Westen wohl gelingen wird, die Länder im Osten zu erreichen**

Er überlegt	**mit dieser Fahrt viel Ehre und Ruhm erwerben können**
Er denkt darüber nach	**gelingen, mächtige Königreiche zu erobern**
Es interessiert ihn	**die Möglichkeit haben, große Mengen an Gewürzen und Edelsteinen zu kaufen**
die Gelehrten viele neue Erkenntnisse erlangen	ist für die Wissenschaft eine interessante Frage

Sorgen eines Entdeckers

Nach seinem ersten Landgang unterhält Kolumbus sich mit einem der beiden Kapitäne, die ihn begleiten. Kolumbus fragt ihn, ob er erwartet hätte, so freundlich aufgenommen zu werden. Ob die Bemalung einiger Menschen eine besondere Bedeutung habe, interessiert Kolumbus. Die Frage, ob die Eingeborenen wirklich nur Speere besitzen, treibt den Kapitän um. Ob die Wunden einiger Männer von Auseinandersetzungen der Eingeborenen untereinander oder von Kämpfen mit wilden Tieren stammen, fragt Kolumbus. Ob Kolumbus schon gefährliche Tiere gesehen habe, fragt der Kapitän nach. Kolumbus überlegt, ob sie einige Männer mitnehmen sollten, um sie dem König vorzuführen. Kolumbus bringt das Gespräch darauf, ob die Eingeborenen gute Christen werden. Ob sie schnell die spanische Sprache lernen werden, fragt der Kapitän neugierig. Was er auch gerne erfahren möchte, ist, ob die mitgereisten Missionare bald an Land gehen dürfen. Kolumbus möchte gerne wissen, ob die Eingeborenen Tempel für ihre eigenen Götter gebaut haben. Ob sie bald Gewürze oder Gold geschenkt bekommen, ist für den Kapitän eine wichtige Frage. *(165 Wörter)*

Komma bei indirekter Rede – vorangestellter Begleitsatz

Bei der indirekten Rede wird das, was eine Person sagt oder denkt, von einer anderen Person oder von derselben Person, aber in einer anderen Situation – also indirekt – wiedergegeben.

- → ***Der Redebegleitsatz kann unverändert übernommen werden!***
- → ***Die wörtliche Rede wird zu einem Konjunktionalsatz – eingeleitet durch die Konjunktion dass – oder zu einem Hauptsatz im Konjunktiv umgeformt!***
- → ***Wenn eine andere Person spricht, ändert sich natürlich auch das Personalpronomen und die Personalform des Verbs!***
- → ***Zwischen dem Begleitsatz und der indirekten Rede steht ein Komma!***

Beispiel: **Wörtliche Rede**
Franziska sagt: *„Gestern war ich zum ersten Mal bei einem Bundesligaspiel im Fußballstadion."*

Indirekte Rede
Franziska sagt, dass sie zum ersten Mal bei einem Bundesligaspiel im Fußballstadion war.

oder: *Franziska sagt, sie sei zum ersten Mal bei einem Bundesligaspiel im Fußballstadion gewesen.*

A 9 Franziska erzählt ihrer Freundin Teresa von ihrem ersten Besuch im Bundesligastadion:

1. *Timon, mein neuer Freund, hatte mich eingeladen, sonst wäre ich bestimmt nicht hingefahren.*
2. *Ich war mit Timons Fanklub unterwegs.*
3. *Schon im Zug hatten wir unheimlich viel Spaß.*
4. *Das Stadion war ausverkauft und es herrschte eine tolle Stimmung.*
5. *Auch das Spiel war sehr spannend.*
6. *Allerdings habe ich mich gleich zu Beginn blamiert.*

7. *Denn ich habe zuerst gar nicht gemerkt, dass das Spiel schon begonnen hatte.*
8. *Aber plötzlich sah ich die laufenden Spieler.*
9. *Und ich war ganz überrascht, dass der Schiedsrichter schon angepfiffen hatte.*
10. *Deshalb schauten mich die anderen mit strafenden Blicken an.*

Wandle die Aussagen Franziskas in indirekte Rede um; entscheide selbst, ob du einen **dass-Satz** oder einen **Hauptsatz im Konjunktiv** bildest; achte auf die Zeichensetzung!

Ein weiblicher Fußballfan

Franziska erzählte, dass der Besuch im Stadion wirklich ein tolles Erlebnis gewesen sei.* Ich erwiderte, dass ich schon ein paarmal eine VIP-Karte hatte.* Natürlich konnte ich deshalb damit prahlen, sowohl von dem Präsidenten* als auch von dem Torwart der zweiten Mannschaft ein Autogramm bekommen zu haben.* Franziska konnte das nicht beeindrucken. Sie entgegnete,* dass dort bestimmt nicht so eine gute Stimmung geherrscht habe wie in ihrem Block.* Sie gab zu, sich eigentlich nicht so sehr für Fußball zu interessieren.* Franziska fügte jedoch hinzu, beim Elfmeterschießen auch den Atem angehalten zu haben.* Sie sagte sogar, dass sie auch während der Verlängerung mitgezittert habe.* Weil ich schon längere Zeit nicht mehr im Stadion gewesen war, machte ich den Vorschlag, demnächst zusammen ein Spiel zu besuchen.* Franziska sagte, dass sie noch ein paar Freundinnen und Freunde fragen werde, ob sie mitkommen wollen.* Dabei fiel mir ein, dass wir zusammen zum Pokalendspiel gehen könnten.* Franziska meinte, dass wir uns beeilen müssten, um noch Karten zu bekommen.

(163 Wörter)

Dreizehnmal schleichen sollte reichen!

Komma bei indirekter Rede – nachgestellter Begleitsatz

A 10 Natürlich kann der Redebegleitsatz – genau wie bei der **wörtlichen Rede** – auch nachgestellt werden. Setze die folgenden indirekten Aussagen und die Begleitsätze wieder zusammen, achte auf die Zeichensetzung.

Wenigstens die großen Schlaglöcher sollten aufgefüllt werden

verlangten die Lehrerinnen und Lehrer, die Aufsicht führen mussten

Außerdem sollten Bänke und eine Tischtennisplatte aufgestellt werden

hatte die Schülervertretung schon lange gefordert

Die Schulkonferenz habe jetzt einen Wettbewerb zur Schulhofgestaltung beschlossen

schlug der Schülerrat vor

Der Schulhof müsse auch weiterhin gut zu überblicken sein

forderten die fußballverrückten Schülerinnen und Schüler der Unterstufe

Dass endlich etwas mit dem Schulhof geschehen muss

verkündete der Konrektor letzten Donnerstag

A 11 Verwandle die wörtlichen Aussagen in indirekte Rede – bilde dazu Hauptsätze im Konjunktiv, achte auf die Zeichensetzung.

→ *„Es muss eine Jury aus Schülerinnen und Schülern, Eltern sowie Lehrerinnen und Lehrern gebildet werden", schlagen die Klassensprecherinnen und Klassensprecher der siebten Klassen vor.*

→ *„Für die drei kreativsten Vorschläge muss jeweils ein Preis festgesetzt werden!", fordert der Klassensprecher der 8 c.*

→ *„Jede Klasse soll einen Vorschlag machen", wird beschlossen.*

→ *„Man muss natürlich wissen, wie viel Geld zur Verfügung steht", erklärt die Schülersprecherin.*

→ *„Wir dürfen uns nicht von Problemen einschüchtern lassen", sagt die Klassensprecherin der 10 b.*

→ *„Es wird bestimmt viele brauchbare Ideen geben", fügt ihr Stellvertreter unterstützend hinzu.*

A 12 Setze im folgenden Text die fehlenden Kommas!

Im Sportkurs der 7a/b wird überlegt welche Sportmöglichkeiten ein neuer Schulhof bieten sollte. Marcel ist davon überzeugt dass alle ein Beachvolleyball-Feld auf dem Schulhof haben wollen. Die Möglichkeit bei gutem Wetter in den Pausen Volleyball spielen zu können fände sie klasse stimmt Carina begeistert zu. Jannis gibt zu bedenken dass man mehrere Lastwagenladungen Sand benötige. Max glaubt dass man die Anlage sicherlich durch Turniere für die Eintritt erhoben werde finanzieren könne. Man könne das Feld nachmittags und abends ja auch an Vereine vermieten schlägt Marcel geschäftstüchtig vor. Die Reinigungskräfte würden sich über den Sand in den Klassen bestimmt nicht freuen wirft der Hausmeister der gerade eine Steckdose repariert ein. Dass die Forderung nach einem Beachvolleyball-Feld wohl ein bisschen übertrieben ist meint dann auch die Lehrerin und beendet die Diskussion.

Ein neuer Schulhof

In der Klasse 7c wird über unterschiedliche Gestaltungsmöglichkeiten diskutiert. Einige Bäume sollten gepflanzt werden, schlägt Annika vor. Dass man darunter dann ein paar Bänke stellen könne, fügt Leon mit einem verträumten Gesichtsausdruck hinzu. Die Klasse könne diese im Werkunterricht sogar selbst bauen, stellt Jana voller Tatendrang fest. Dass auch zwei Basketballkörbe aufgestellt werden sollten, fordert Luca unter Zustimmung zahlreicher Jungen. Außerdem solle in den Pausen eine Sportgeräteausleihe organisiert werden, verlangt ein großer Teil der Klasse. Dass wir uns für ein Streetballfeld stark machen könnten, meint Paul. Vielleicht könne man am Schulhofrand sogar eine Skatebahn einrichten, überlegt Maximilian laut. Dann kämen wir bestimmt auch in unserer Freizeit öfter hierher, unterstützt ihn Fatima. Dass sie gerne einen Schulgarten hätte, erzählt Sophia mit leuchtenden Augen. Dort könne man sicherlich auch einen Teich anlegen, schwärmt Franz. Die Klasse müsse dann natürlich die Patenschaft für dieses Projekt übernehmen, erklärt Denise als Klassensprecherin. Zum Schluss schlägt die Klassenlehrerin vor, alle Vorschläge in einem Entwurf festzuhalten und eine Beschreibung zu verfassen. *(167 Wörter)*

Komma bei indirekter Rede – eingeschobener Begleitsatz

Auch in die indirekte Rede kann der Redebegleitsatz eingeschoben werden; dann wird er natürlich in Kommas eingeschlossen!

A 13 Unterstreiche in den folgenden Sätzen den Redebegleitsatz und setze die fehlenden Kommas!

→ Es solle sagte unsere Oberbürgermeisterin letztens in einer Sendung des Lokalsenders demnächst ein Jugendparlament eingerichtet werden.

→ Denn immer wieder erklärte unser Stadtoberhaupt dem Reporter erreichten sie Briefe von Jugendlichen, die mehr Mitsprache für die Jugendlichen forderten.

→ In den nächsten Tagen so versprach die Politikerin solle an alle Schulen ein Einladungsschreiben für die Gründung eines Jugendparlaments herausgehen.

→ Sie erhoffe sich sagte die Oberbürgermeisterin eine große Beteiligung.

A 14 Auf der Gründungsversammlung des Jugendparlaments begrüßt ein Vertreter der Oberbürgermeisterin die Jugendlichen in ihrem eigenen Sitzungssaal.

Füge den Redebegleitsatz in die indirekte Rede ein und achte auf die Zeichensetzung!

Zunächst einmal solle überlegt werden, wer alles am Parlament teilnehmen dürfe	← *sagte eine Vertreterin des Jugendamtes*
Außerdem solle die Dauer und die Anzahl der Sitzungen festgelegt werden	← *fügte sie hinzu*
Natürlich müsse auch ein Leitungsteam bestimmt werden	← *erklärte sie abschließend*

Die Aufgabe dieses Teams solle dann auch die Vertretung des Jugendparlaments beim Stadtrat sein	←	*forderte Patric*
Um die Bedeutung des Jugendparlaments zu unterstreichen, hätten sich Sponsoren gefunden, die pro Sitzung und Teilnehmer ein kleines Sitzungsgeld zahlten	←	*teilte die Sozialarbeiterin mit*
Der Stadtrat habe für die Vertreterinnen und Vertreter des Jugendparlaments extra Stühle und ein Mikrofon anschaffen lassen	←	*berichtete sie begeistert*
Endlich würden die Politiker die Jugendlichen ernst nehmen	←	*erklärte Jennifer zufrieden*

Ziele des Jugendparlaments

Besonders wichtig sei ihm, erklärte Michael, das Freizeitangebot für Jugendliche zu verbessern. Konkret bedeute dies, meinte Denise, neue, gut ausgestattete Jugendräume in allen Stadtteilen zu eröffnen. Ihr läge, warf Paula bestimmend ein, eine gute Skatebahn noch mehr am Herzen. Zunächst, sagte Maximilian vermittelnd, könne jedes Mitglied Vorschläge machen. Erst später, fügte er hinzu, werde über die Dringlichkeit der Anträge abgestimmt. Die Ausbesserung und Erweiterung der Fahrradwege, forderte Fabian, solle auch noch einmal im Stadtrat beraten werden. Besonders die Radwege, auf denen jeden Morgen viele Schülerinnen und Schüler zur Schule fahren, ergänzte Dennis, müssten verbreitert werden. Die Stadtranderholung in den Ferien, verlangte Dominik, solle nicht aus Geldnöten eingestellt werden. Das Jugendparlament, schlug Debora vor, könne sich ja auch um Sponsoren bemühen. Außerdem, regte Hanna an, wäre es gut, in der Stadtbibliothek ein Internetcafé einzurichten. Und die Spielesammlung, schlug Julian vor, solle um CD-Spiele ergänzt werden. Vielleicht, meinte Mara, könne die Stadt auch etwas für Kids, die auf der Straße lebten, unternehmen.

(163 Wörter)

Kommas werden nicht mitdiktiert.

Komma bei Infinitivgruppen I

1. ***Bei Infinitivgruppen musst du in diesen Fällen ein Komma setzen:***

   1. **Die Infinitivgruppe wird mit als, [an]statt, außer, ohne, um eingeleitet.**
   Beispiel: Eva spielt lieber am Computer, als zu lernen.

   2. **Die Infinitivgruppe hängt von einem Nomen (Substantiv) ab.**
   Beispiel: Pia hat den Wunsch, Zahnärztin zu werden.

   3. **Die Infinitivgruppe wird durch einen Hinweis angekündigt.**
   Beispiel: Eva hat mich darum geben, ihr zu helfen.

2. ***Bei allen anderen Infinitivgruppen brauchst du kein Komma zu setzen – aber du darfst es, wenn du es willst!***
   Beispiel: Evas Wunsch ist(,) Chefärztin an einer großen Klinik zu werden.

A 15 Wo musst du Kommas setzen, wo nicht – unterstreiche jeweils das Wort, das auf die Infinitivgruppe hinweist.

→ *In unserer Schule bemühen sich viele Lehrerinnen und Lehrer darum die Schülerinnen und Schüler auf ihren zukünftigen Beruf vorzubereiten.*

▶ *In unserer Schule versuchen viele Lehrerinnen und Lehrer die Schülerinnen und Schüler auf ihren zukünftigen Beruf vorzubereiten.*

→ *Schon im siebten Schuljahr beginnen die einzelnen Klassen damit sich über die Berufe der Eltern oder älteren Geschwister zu informieren.*

▶ *Schon im siebten Schuljahr beginnen die einzelnen Klassen sich über die Berufe der Eltern oder älteren Geschwister zu informieren.*

→ *Alle Mädchen und Jungen werden dazu verpflichtet einen kurzen Aufsatz darüber zu schreiben und ihn dann vorzutragen.*

▶ *Alle Jungen und Mädchen werden verpflichtet einen kurzen Aufsatz darüber zu schreiben.*

A 16 Formuliere die folgenden Sätze so um, dass du auf das Komma zur Abtrennung der Infinitivgruppe verzichten kannst. Manchmal musst du die Wortstellung oder das Verb ändern.

Beispiel: *Jule entscheidet sich dafür, einen Aufsatz über den Beruf ihres Vaters zu schreiben.*
Jule beschließt einen Aufsatz über den Beruf ihres Vaters zu schreiben.

→ Schon als kleiner Junge hatte Jules Vater darauf gehofft, irgendwann mal eine eigene kleine Gärtnerei zu besitzen.

→ Es war für ihn sehr schwer, einen eigenen Betrieb aufzubauen.

→ Deshalb war er sehr froh, als sein damaliger Chef ihn darum bat, ihm seine Gärtnerei abzukaufen.

→ Er genießt es sehr, selbstständig zu sein und sich seine Arbeit frei einteilen zu können.

→ Am meisten Spaß macht es ihm, Gärten ganz neu zu planen und anzulegen.

Exotischer Beruf

Lucas Mutter ist Tierpflegerin im Zoo. Schon morgens um 5.30 Uhr beginnt sie(,) zu arbeiten. Bevor die Elefanten gefüttert werden, bekommen die nachtaktiven Vögel etwas zu fressen. Dann geht sie ins Tropenhaus, um die Berieselungsanlage anzustellen. Wie in den richtigen Tropen beginnt es hier, einmal am Tag für ein paar Stunden zu regnen. Die Tiere und auch die Pflanzen benötigen diesen Regen, um zu überleben. Für die Besucher ist es natürlich ein wenig unangenehm, durch den Regen zu laufen. Aber sie haben auch die Möglichkeit, die Tiere in den Freilandgehegen zu besichtigen, wenn es im Tropenhaus regnet. Im Elefantenhaus hat Lucas Mutter nicht nur die Aufgabe, die Elefanten zu füttern, sie müssen auch gewaschen werden. Dabei scheinen sie sich richtig wohl zu fühlen. Obwohl es ihnen hier ja nicht möglich ist, sich im Schlamm zu wälzen. Lucas Mutter bemüht sich auch schon seit einigen Jahren darum, den Elefanten kleine Kunststücke beizubringen. Wenn sie den Tieren morgens zu fressen gegeben hat, braucht sie ein wenig Zeit, um sich um die kranken Tiere zu kümmern. Ihre Aufgabe ist es dann, den Tieren die entsprechende Medizin zu verabreichen. *(187 Wörter)*

Komma bei Infinitivgruppen II

Auch wenn eine vorausgehende Infinitivgruppe durch ein folgendes Wort wieder aufgenommen wird, musst du ein Komma setzen.

*Beispiel: Sich über die Arbeit der Eltern zu informieren,
das haben alle Kinder gerne erledigt.*

Hier wird die Infinitivgruppe sich über die Arbeit der Eltern zu informieren durch das unmittelbar folgende das wieder aufgenommen, deshalb muss auch hier wieder ein Komma stehen!

A 17 Unterstreiche in den folgenden Sätzen die Wörter, die auf eine folgende Infinitivgruppe hinweisen bzw. eine vorausgehende wieder aufnehmen, und setze die fehlenden Kommas!

Viele sind nachmittags in den Fabriken, Geschäften oder Büros ihrer Eltern vorbeigegangen um sich genau zu informieren. Einige haben sogar daran gedacht einen Fotoapparat mitzunehmen. Sich ein richtiges Bild von den unterschiedlichen Tätigkeiten zu machen dabei kann ein Foto vom Arbeitsplatz helfen. Fabian brauchte seine Mutter gar nicht mehr viel zu fragen. Schon oft hatte er ihr in ihrem Bioladen geholfen. Selbst wenn er etwas aus dem Lager holen musste, hatte er keine Schwierigkeiten alles zu finden. Über den Bioladen aus Sicht der Kundinnen und Kunden zu berichten das hatte er sich vorgenommen, weil das auch für ihn eine neue und interessante Sichtweise war und weil er Freude am Fotografieren hatte. Als er am Mittwochnachmittag mit seiner Digitalkamera in den Laden ging, gab es gerade die Gelegenheit Honig zu probieren. Fabian konnte sich manchmal vor Lachen kaum halten, wenn die kleinen Kinder besonderen Spaß daran hatten den Honig im ganzen Gesicht zu verschmieren. Für diese Szenen einen ganzen Film zu verknipsen dazu hätte er sich fast hinreißen lassen.

A 18 Setze die folgenden Sätze wieder richtig zusammen und entscheide selbst, ob die Infinitivgruppe durch ein hinweisendes Wort angekündigt oder ein folgendes wieder aufgenommen werden muss. Setze die Kommas entsprechend.

□ *Fabians Mutter bittet ihn*	▷ ***es***	○ *die Tomaten als Jonglierbälle entdeckt zu haben*
□ *Die kleinen Kinder einer guten Kundin scheinen*	▷ ***das***	○ *im ganzen Laden nach geeigneten Motiven zu suchen*
□ *Angeregt durch die Schaufensterdekoration hat sich ein Kunde entschieden*	▷ ***damit***	○ *grünen Tee zu kaufen*
□ *Sie beide auf ein Foto zu bekommen*	▷ ***darum***	○ *ist bei dem großen Angebot nicht schwer*
□ *Einen guten Rotwein zu finden*	▷ ***dazu***	○ *hat Fabian Mühe*
□ *Fabian beginnt nun*	▷ ***dabei***	○ *ihr die Fotos für eine Fotowand zu überlassen*

Fabians Mutter

Zu Hause entschließt sich Fabian(,) die Fotos auf eine große Plakatwand zu kleben.* Natürlich muss er noch weitere Informationen hinzufügen. Denn seine Mutter hat auch viele Aufgaben,* die nicht so spannend sind, um sie auf einem Foto festzuhalten.* Jeden Abend muss sie sich Zeit nehmen, um die Bestellung für den übernächsten Tag festzulegen.* Dabei versucht sie auch immer(,) auf besondere Wünsche einzelner Kundinnen und Kunden einzugehen.* Außerdem darf sie auch nicht vergessen(,) die Kasse zu überprüfen.* Die offenen Rechnungen zu überweisen, das ist natürlich auch eine wichtige Aufgabe.* Als fortschrittliche Unternehmerin hat Fabians Mutter schon begonnen(,) die Möglichkeiten des Onlinebankings zu nutzen.* So kann sie alle Rechnungen bequem von ihrem Computer aus bezahlen und braucht sich nicht nach den Öffnungszeiten der Banken zu richten.* Um ihre Kundinnen und Kunden stets gut zu beraten, hat Fabians Mutter sich dazu entschlossen, mehrere Fachzeitschriften zu abonnieren.* Die Wirkung bestimmter Kräuter oder Tees genau zu kennen, das ist ihr großes Interesse. *(159 Wörter)*

Elfmal schleichen sollte reichen.

Komma bei Infinitivgruppen III

A 19 Setze die folgenden Sätze wieder richtig zusammen und entscheide jeweils, wo du ein Komma setzen musst, wo du ein Komma setzen würdest, obwohl du es nicht musst, und wo du kein Komma setzen würdest. Schreibe die Sätze in dein Heft!

Die Schülervertretung hatte überlegt

war nicht ganz leicht.

Eine kleine Arbeitsgruppe kümmerte sich darum

möglichst viele gute Ideen zu sammeln.

Für alle Schülerinnen und Schüler ein geeignetes Projekt zu finden

bei der Organisation der Projekttage zu helfen.

Auch geeignete Projektleiterinnen und -leiter zu finden

das war das Allerschwerste.

Deshalb waren alle froh darüber, dass sich eine pensionierte Lehrerin bereit erklärte

vor den Osterferien eine Projektwoche zu veranstalten.

A 20 Bei den folgenden Sätzen sind die Infinitivgruppen etwas durcheinandergeraten. Du bekommst den Text sicher wieder auf die Reihe, achte auf die richtige Zeichensetzung!

- Als uns unsere Lehrerin das Thema unserer Projekttage – ZUKUNFT – nannte, begannen viele **als Philosoph Karriere zu machen.**
- Die meisten schienen **kritisch und verständnislos in die Gesichter der anderen zu blicken.**
- Bei dem Gedanken daran **ein anderes Thema zu fordern** wandten sie sich gelangweilt ab.
- Einzelne begannen **jemals kritische Worte von sich gegeben zu haben.**
- Schließlich habe niemand vor **sich mal Gedanken über die eigene Zukunft und die Zukunft der Welt zu machen.**
- Andere aber sagten, dass es doch sehr interessant sein könne **mit diesem Thema überhaupt nichts anfangen zu können.**

- Außerdem sei es im Vergleich zum normalen Unterricht doch viel besser **sich drei Tage mit diesem Thema beschäftigen zu müssen.**
- Am Ende der Projekttage konnte sich dann auch fast niemand mehr daran erinnern **mal an fächer- und klassenübergreifenden Projekten zu arbeiten.**

Projektarbeit

Am zweiten Tag begannen wir die Arbeit in der Turnhalle. Wir sollten versuchen(,) einen Erlebnislauf, den unsere Sportlehrerinnen aufgebaut hatten, mit verbundenen Augen zu überwinden. Natürlich standen die Mitschülerinnen und Mitschüler bereit, um uns zu helfen, wenn wir in Not gerieten. Plötzlich lernten alle(,) sich ganz vorsichtig zu bewegen. Am dritten Tag bekamen wir Besuch von Frauen und Männern, die über ihren Beruf berichteten. Besonders die Mädchen freuten sich(,) mit Frauen in typischen Männerberufen zu sprechen. Es machte ihnen Mut, zu sehen, dass es schon Frauen gibt, die ihren Weg als Schlosserin oder Schreinerin gegangen sind. Eine Handwerksmeisterin ermunterte die Mädchen(,) sich für einen Praktikumsplatz im nächsten Jahr zu bewerben. Die Jungen hatten die Möglichkeit, sich mit einem ehemaligen Beamten zu unterhalten, der seinen sicheren Arbeitsplatz aufgegeben hatte und jetzt als Immobilienmakler tätig war. Außerdem sprachen sie mit einem Hausmann, dem es viel Freude bereitete, für seine Kinder da zu sein. *(152 Wörter)*

Gemischte Übungen

A 21 Unterstreiche alle Konjunktionalsätze rot, alle Relativsätze blau sowie wörtliche und indirekte Rede grün und setze die fehlenden Satzzeichen!

Als meine Oma gestern zu Besuch kam erzählte sie ganz aufgeregt Gerade wäre ich fast von jemandem mit diesen neumodischen Rollschuhen umgefahren worden. Diese Leute stellte mein Bruder Jannis gleich richtig nennt man Skater Oma. Meine Oma der diese englischen Begriffe immer ein Rätsel bleiben werden berichtete dass sie aus einem Laden gekommen sei und gerade noch rechtzeitig stehen bleiben konnte. Der Fahrtwind der vorbeirasenden jungen Frau beschrieb meine Oma anschaulich sei noch an ihrem Gesicht vorbeigezogen. Ob es nicht eigene Plätze für diesen Sport gäbe erkundigte sich meine Oma. Weil es in unserer Stadt eine Briefaktion an die Vorsitzenden der einzelnen Stadtteile gegeben hat sollen nun in jedem Bezirk Skaterbahnen gebaut werden. Wenn geeignete Plätze die von der Stadt schnell gekauft werden können, gefunden worden sind wird sofort mit dem Bau begonnen. Die einzelnen Sportvereine bieten dort Kurse an um die Grundregeln des Skatens zu erlernen. Besondere Figuren in der Halfpipe einzustudieren ist für die Fortgeschrittenen natürlich auch möglich.

A 22 Schreibe den ganzen Text – der Anfang ist in der 12. Zeile – mit allen Satzzeichen in dein Heft.

U N D B E I M K A U F G U T A U S S E H E N D E R K L E I D U N G D I E N A T Ü
R L I C H A U C H N I C H T Z U T E U E R S E I N D Ü R F E U N D E I N E S G
E E I G N E T E N H E L M S E R K L Ä R T E J U L I A S E I S I E D I E R I C H T I G
E B E R A T E R I N I C H G A B S O F O R T U N U M W U N D E N Z U D A S S I C
H D R I N G E N D N E U E S Z U B E H Ö R B E N Ö T I G T E O B W O H L W I
R J A A M S A M S T A G G E R N E Z U S A M M E N I N D I E S T A D T F A H R E
N W O L L T E N K O N N T E N W I R U N S N U R S C H W E R A U F E I N E
N Z E I T P U N K T E I N I G E N M E I N E E L T E R N W O L L T E N A M L I E
B S T E N F R Ü H L O S F A H R E N U M N I C H T I M G E D R Ä N G E L E I N
K A U F E N Z U M Ü S S E N U N D U M R I C H T I G A U S S C H L A F E
N Z U K Ö N N E N W O L L T E N W I R L I E B E R E R S T N A C H D E M M I T T A
G E S S E N F A H R E N N A C H D E M W I R K I N D E R S C H O N V O R E I N I
G E R Z E I T I N L I N E S K A T E R B E K O M M E N H A B E N W O L L E N J
E T Z T A U C H U N S E R E E L T E R N D A S S K A T E N E R L E R N E N B E I

M K A U F D E R S K A T E S L A S S E N W I R U N S W O H L A M B E S T E N I N E I
N E M F A C H G E S C H Ä F T B E R A T E N M E I N T E M E I N E M U T T E R H
A B E N U N S E R E K I N D E R N I C H T M I N D E S T E N S G E N A U S O V I E
L E R F A H R U N G W I E E I N V E R K Ä U F E R F R A G T E M E I N V A T E R D E
R S E I N E N K I N D E R N I M M E R V I E L Z U T R A U T E W E I L W I R A L
L E G E R N M I T I N D I E S T A D T W O L L T E N N I C K T E N W I R H I L F
S B E R E I T W E N N M E I N E E L T E R N S I C H Ü B E R D I E B E S T E N R O L
L E N U N D K U G E L L A G E R I N F O R M I E R E N W O L L T E N S O S
E I S I E D I E G E E I G N E T E F A C H F R A U B E H A U P T E T E A N N A

Beim Skatekurs

Gemeinsam mit unseren Eltern, die ihren Kindern etwas Gutes tun wollten, besuchten wir nun einen Skatekurs. Als wir die praktischen Übungen machten, in denen das Stoppen oder richtige Hinfallen erklärt wurde, langweilten wir Kinder uns natürlich sehr. Es war aber lustig, unsere Eltern zu sehen, die sich wirklich viel Mühe gaben, alles zu erlernen. Die Tipps der Trainerin, wie man sich in Fußgängerzonen oder auf der Straße verhalten solle, waren allerdings interessant. Weil man sich darauf konzentrieren solle, was um einen herum passiert, sollte man stets nach vorne schauen und auch keine Kopfhörer tragen. Wenn man ein Geschäft betritt, sollte man am besten gehen und nicht rollen, um keine Spuren auf dem polierten Boden zu hinterlassen. Während sich die Erwachsenen nicht angesprochen fühlten, blickten sich die Jugendlichen grinsend an. Außerdem wies sie auf ernsthafte Unfallgefahren hin. „Unterschätzen Sie nicht Sprünge oder Rillen auf der Straße!", warnte uns die Trainerin. „Weil die Rollen hintereinander angebracht sind", erklärte sie weiter, „können Sie darin eingeklemmt werden und schnell umkippen." *(168 Wörter)*

Groß- und Kleinschreibung

Nominalisierungen

Du weißt es längst: Als Nomen gebrauchte Verben, Adjektive und Partizipien werden großgeschrieben.

Das Geschriebene kann ich nicht entziffern.
Sein Lachen war wirklich ansteckend. Alles Gute zum Geburtstag!

Darüber hinaus schreibt man auch Adverbien, Präpositionen, Konjunktionen und Interjektionen groß, wenn sie als Nomen gebraucht werden. Sie treten häufig in Paarformen auf.

Wir diskutierten das Für und Wider dieses Vorschlags.
Was für ein Durcheinander!
Mit lautem Weh und Ach sammelte sie die Schnipsel auf.

A **1** Schreibe in der richtigen Schreibweise.

1. *der ball rollte ins abseits.*
   Der Ball rollte ins Abseits.
2. *mutter ließ uns ohne großes wenn und aber fahren.*
   Mutter ließ uns ohne großes Wenn & aber fahren
3. *das auf und ab des lebens ist unberechenbar.*
   Das Auf & Ab des Lebens ist unberechenbar.
4. *die leihgebühr ist im voraus zu zahlen.*
   Die Leihgebühr ist im vorauszu zahlen.
5. *jana bestand den test mit ach und krach.*
   Jana bestand den Test mit Ach & Krach.
6. *schon in der zweiten runde kam das aus für den boxer.*
   Schon in der zweiten Runde kam das Aus für den Boxer.

A 2 Setze die Wörter sinngemäß in die Lücken. Entscheide dabei, ob du groß- oder kleinschreiben musst.

aber - nein - auf und ab - hier und jetzt - zurück - auf und nieder - au

1. Der Tiger lief im Käfig unruhig ...auf... und ...ab....
2. Ich lebe im ...hier... und ...jetzt....
3. Er kannte kein ...aber..., sodass er alles durchsetzte.
4. An dieser Kreuzung geht es nicht ...zurück....
5. Das ...auf... und ...nieder... des Zweiges irritierte sie.
6. Mit lautem ...au... fuhr er zusammen.
7. Aus der letzten Reihe war ein zögerndes ...nein... zu hören.

Test

Fußballspielen

Fußballspieler sind Mitglieder eines Teams, in dem es niemals drunter und drüber gehen darf. Jeder Einzelne muss sich ohne Für und Wider den Anordnungen des Trainers fügen. Zeigen sich beim Laufen Konditionsprobleme, hilft kein Weh und Ach, alle müssen ein paar Runden extra trainieren. Auch das Platzwechseln hin und her auf dem Rasen will geübt sein. Wenn der Linksaußen Schwierigkeiten beim Köpfen hat und der Ball zu oft ins Aus geht, heißt es einschleifen, sonst zieht die gesamte Mannschaft den Kürzeren. Jeder leistet sein Möglichstes, aber nur die Besten werden aufgestellt. Das gehört zum Auf und Ab einer Spielerkarriere.
Fällt der Schiedsrichter beim Spielen eine ungünstige Entscheidung, hilft kein Wenn und Aber. Auch wenn während des Diskutierens die Wogen der Erregung hochgehen, erweist sich der Spruch des Schiedsrichters im Nachhinein doch als richtig. Deswegen ist es das Gegebene, mit dem Beschimpfen des Unparteiischen vorsichtig zu sein, denn hat man Beleidigendes erst einmal ausgesprochen, gibt es kein Zurück. *(158 Wörter)*

Orts- und Ländernamen

Herkunftsbezeichnungen auf -isch schreibt man meistens klein.
Herkunftsbezeichnungen auf -er schreibt man groß.

A 3 Ordne den Städtenamen das passende Bezugswort zu und schreibe beides hinter den passenden Artikel.

Kiel	Oktoberfest	*die* ....
Köln	Messe	*der* ....
München	Platz	*das* ....
Brandenburg	Bär	*das* ....
Lübeck	Dom	*das* ....
Potsdam	Woche	*der* ....
Leipzig	Marzipan	*die* ....
Berlin	Tor	*der* ....

A 4 Welche Nationalität verbirgt sich hinter der Flagge? Bilde passende Begriffe.

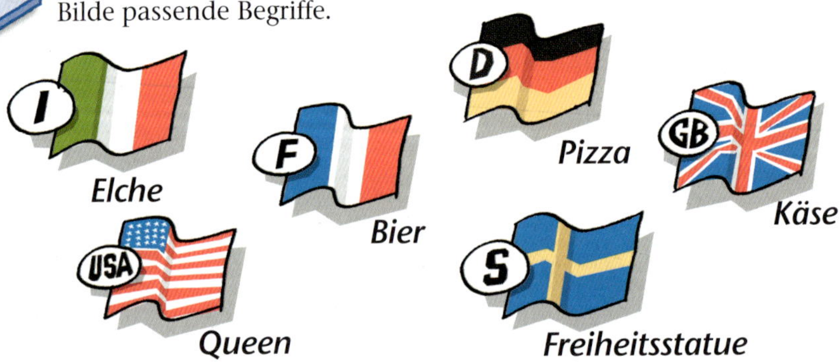

A 5 Schreibe in der richtigen Schreibweise

dasaachenermünster
derbrasilianischekaffee
dermoskauerkreml
derniedersächsischelandtag
diekanadischenwälder
diethüringerbratwurst
derdresdnerstollen
derafrikanischeurwald
diefrankfurterbörse
dasenglischewetter

Reisebüroschlager

Bereisen Sie die amerikanische Ostküste. Lernen Sie den Bostoner Hafen und das New Yorker Nachtleben kennen.* Seeland, die größte dänische Insel, ist immer eine Reise wert.* Im Kopenhagener Vergnügungspark, dem Tivoli, hat die ganze Familie Spaß.* Bestaunen Sie die Vielfalt arabischen Brauchtums in den verschiedenen Kairoer Museen.* Entdecken Sie die russische Gastfreundschaft und erleben Sie den Moskauer Frühling.* Machen Sie Bekanntschaft mit dem typisch englischen Humor. Besuchen Sie die zahlreichen Londoner Theater.* Verleben Sie fröhliche Stunden in den Dubliner Pubs. Sie werden staunen über die Herzlichkeit irischer Dickköpfe.* Die polnischen Städte sind Zeugen einer bewegten Vergangenheit. Streifen Sie durch die Danziger Altstadt und überzeugen sich selbst.* Nach einem Besuch der Berliner Sehenswürdigkeiten lädt das brandenburgische Umland zur Erholung ein.* Erkunden Sie mit dem Kanu oder Fahrrad die mecklenburgische Seenlandschaft und fühlen Sie sich wie ein König im Schweriner Schloss.

(140 Wörter)

Zehnmal schleichen sollte reichen!

Zahlwörter

Grundsätzlich gilt: Grundzahlen werden kleingeschrieben, auch wenn kein Bezugswort folgt.

Ich habe zwei Katzen. *Wir sind über hundert Teilnehmer.*
Er war schon über achtzig. *Ruf mich bitte gegen sieben an.*

Die Grundzahlen werden großgeschrieben, wenn sie als Nomen gebraucht werden. Sie haben dann eine übertragene Bedeutung.

Die Sechs (Zahl) gewinnt. *Ich habe eine Zwei (Note) in Deutsch.*
Zu diesem Rennen kamen Hunderte (Zuschauer).

A 6 Schreibe die Ziffer in der richtigen Schreibweise aus.

1. *Wir mussten* (4) .... *große Runden laufen.*
2. *Wir* (2) .... *wissen, worum es geht.*
3. *Um zum Schwimmbad zu kommen, musst du die* (6) .... *nehmen.*
4. *Zum Skat braucht man* (3) .... *Spieler.*
5. *Früher galt die* (13) .... *als Unglückszahl.*
6. *Meine Oma ist schon über* (90) ....*.*
7. *Wie spät ist es? Gleich* (12) ....*.*
8. *Im Sport ist er wirklich keine* (0) ....*.*
9. *Sie strömten zu* (1000en) .... *ins Stadion.*

Ordnungszahlen werden kleingeschrieben, wenn sie ein Bezugswort bei sich haben.

Er war der erste Läufer im Ziel. *Das ist wirklich das letzte Mal.*

Sie werden großgeschrieben, wenn sie als Nomen gebraucht werden.

Er erreichte das Ziel als Erster. *Das ist doch das Letzte!*

A 7 Vervollständige.

Sie kam als (2.) .... ins Ziel/als (2.) .... Läuferin ins Ziel.

Das ist das (1.) .... Wort/das (1.) ...., das ich höre.

Uns fehlt der (4.) .... /der (4.) .... Spieler zum Quartett.

Ein Arztbesuch

Gestern war Freitag, der Dreizehnte. Ich hatte am Morgen eine Fünf in Mathe zurückbekommen und um vier einen Zahnarzttermin. Ganz prima! Auf dem Weg zur Praxis fuhr mir die Neun vor der Nase weg und ich musste zwanzig Minuten warten. Daher bin ich erst zehn nach vier angekommen. Das Wartezimmer war schon voll. In der Spielecke saßen mehrere Kinder, von denen drei sich ein nervenzehrendes Würfelspiel ausgedacht hatten. Immer, wenn jemand eine Sechs gewürfelt hatte, musste er in Achten über den Teppich hüpfen. Daneben saßen zwei ältere Herren, die unentwegt über Fußball und „ihre" Elf redeten und dabei vom Hundertsten ins Tausendste kamen. Ich hätte nicht gedacht, dass man mit sechzig so unsachlich sein kann.
Jedes Mal, wenn die Sprechstundenhilfe „der Nächste, bitte" sagte, hoffte ich, dass sie mich meinte. Natürlich kam ich erst als Zehnter dran. Beklommen öffnete ich den Mund. Gleich als Erstes stellte die Zahnärztin fest: „Dein Weisheitszahn muss raus." Das war wirklich das Letzte, das ich mir wünschen konnte.

(165 Wörter)

Farb- und Sprachbezeichnungen

Farbadjektive können als Nomen gebraucht werden. Man erkennt sie häufig an ihrem Begleiter** (Präposition, Artikel, Pronomen, …). **Man kann sie im Gegensatz zu den adjektivisch gebrauchten Formen nicht durch „wie" erfragen.

A 8 Entscheide, ob du groß- oder kleinschreiben musst.

1. **rot** *Das .... deiner Haare sieht aus wie bei Pumuckl.*
2. **grün** *Bei .... darf man über die Ampel gehen.*
3. **pink** *Ich habe meine Jeans .... gefärbt.*
4. **schwarz** *Meine Schwester trägt am liebsten ....*
5. **violett** *Wir haben das Zimmer in .... getüncht.*
6. **orange/grün** *Zu diesem .... passt eher ein .... Rock.*

Sprachbezeichnungen können Adjektive oder Nomen sein. Als Adjektive kann man sie meist mit wie erfragen, als Nomen mit was, oder sie stehen nach einer Präposition.

Auch Spanisch ist eine Weltsprache. ***(Wer oder was?)***
Dieses Buch ist in Dänisch geschrieben. ***(In welcher Sprache?)***
„Surfen" muss man englisch aussprechen. ***(Wie?)***

A 9 Entscheide dich, ob du groß- oder kleinschreiben musst. Schreibe nach Möglichkeit die Frage, mit der du klärst, ob es sich um ein Adjektiv oder ein Nomen handelt, darunter.

1. Dein __ranzösisch ist fast akzentfrei.

____

2. Janes spricht fließend __ortugiesisch.

____

3. Meine Großmutter spricht kein Wort __iederländisch.

---

4. Mit __nglisch kann man sich überall verständigen.

---

5. „Chance“ sollte man __ranzösisch aussprechen.

---

6. Auch in __atein ist Svenja ein Ass.

---

7. Auf __panisch heißt „danke“ „gracias“.

---

8. Im Unterricht diskutieren wir meistens __nglisch.

Hier gibt es zwei Möglichkeiten mit einem kleinen Bedeutungsunterschied:

Sie spricht englisch. *Wie spricht sie?*
Er spricht Russisch. *Welche Sprache spricht er?*

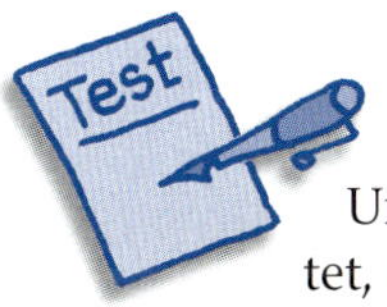

Unser Klassenlehrer

Unser Klassenlehrer Herr Walter, der uns in Englisch unterrichtet, ist ein lustiger Vogel. Er fährt einen lila Käfer und trägt mit Vorliebe Jeans in Grün oder Orange und dazu knallbunte Hemden. Vielleicht denkt er, dass wir besser aufpassen, wenn wir eine Kombination aus Grün, Rot und einem schreienden Gelb ansehen müssen. Auch sonst gibt er sich Mühe, uns zu unterhalten. Ob er mit seinen Bemühungen immer ins Schwarze trifft, ist fraglich. Obwohl wir miteinander hauptsächlich englisch sprechen sollten, erzählt Herr Walter manchmal einen Witz auf Bayerisch oder er singt Liebeslieder in italienischer Sprache, weil er das Italienische für besonders melodisch hält. Dann schimmern seine Augen pechschwarz. Um seinen Ärger über uns loszuwerden, flucht er in Russisch, denn keiner von uns versteht ein Wort Russisch. Nur das Deutsche kommt selten vor. Haben wir eine schlechte Arbeit geschrieben, erscheint Herr Walter in Schwarz, ist er mit uns zufrieden, bevorzugt er ein freundliches Rot. So wissen wir gleich, woran wir sind. *(160 Wörter)*

Zeitangaben – Nomen und Adverbien

Elterliche Ferienpläne

Zeitangaben als Nomen werden großgeschrieben, als Adverbien klein. Nomen erkennt man meist am vorangehenden Begleiter, Adverbien an einem angehängten -s.

A **10** Unterstreiche im obigen Text die Nomen und die Adverbien mit ihren jeweiligen Begleitern verschiedenfarbig.

A **11** Trage den richtigen Anfangsbuchstaben ein.

Vor Abreise der Eltern in die Ferien.

Urlaub von den Eltern

Als die Eltern am Montagmittag in den Urlaub starteten, atmeten Malte und Lisa erleichtert auf. In den letzten Tagen hatten sie von morgens bis abends nur Ermahnungen und gute Ratschläge gehört. Nun waren die beiden für drei Wochen allein, Malte war schließlich 18, nur Oma sollte nachmittags nach dem Rechten sehen. Zuerst war den beiden dann doch seltsam zumute, denn nachts war es in einer Wohnung ohne Eltern recht leer. Als gegen Mitternacht das Telefon plötzlich zweimal klingelte, beschlich sie ein mulmiges Gefühl. Aber sie gewöhnten sich schnell an ihr neues Leben. Oma Lene kam mittags, beseitigte das Chaos des vergangenen Abends, kochte abwechselnd Maltes und Lisas Lieblingsessen und passte auf, dass Lisa am Nachmittag ihre Hausaufgaben machte. Manchmal las Malte spätnachts noch in seinem Krimi, sodass er am Morgen fast den Schulbus verpasste. Weil die beiden Samstagnacht lange mit Maltes Freunden zusammensaßen, gab es sonntagmorgens auch keine laute Musik. Als die Eltern am Sonntag gegen Abend wieder eintrafen, war man sich einig: Es ist kein Problem, auch mal allein zu bleiben. *(176 Wörter)*

Zeitangaben II

Aus dem Bordtagebuch der gestrandeten „Saint Catherine"

17. April 1786

Seit vorgestern sind wir auf der Insel. Während gestern den ganzen Tag die Sonne schien, fing es heute Morgen an, diesig zu werden. Seit gestern Mittag haben wir kein Wasser mehr. Einige aus der Mannschaft haben Anzeichen von Skorbut. Wenn wir bis morgen Abend keine Quelle gefunden haben, müssen wir Salzwasser abkochen. Jack und ich werden morgen früh noch einmal losgehen.

Zeitangaben wie gestern, heute, morgen sind Adverbien und werden kleingeschrieben. In Verbindungen wie den folgenden werden die Tageszeiten als Nomen gesehen und darum großgeschrieben: heute Mittag, gestern Morgen, morgen Abend. Ausnahme: morgen früh.

A 12 Unterstreiche im obigen Text die einfachen Adverbien grün, die zusammengesetzten Zeitangaben rot.

A 13 Ergänze in der richtigen Schreibweise.

Seit GESTERNMORGEN .... hören wir um uns herum seltsame Geräusche. Wir wissen nicht, ob es sich um ein Tier oder ein menschliches Wesen handelt. Dr. Kinning fand gleich nach der Ankunft VORGESTERN .... eine abgebrochene Speerspitze. Und HEUTEMITTAG .... ist ein Gepäcksack spurlos verschwunden. Auf jeden Fall werden wir HEUTENACHT .... die Wachen verstärken. Ich hoffe, dass wir MORGEN .... auf eine Wasserquelle oder einen Bach stoßen werden. Wir müssen MORGENFRÜH .... sofort aufbrechen.

A 14 Schreibe in der richtigen Schreibweise auf.

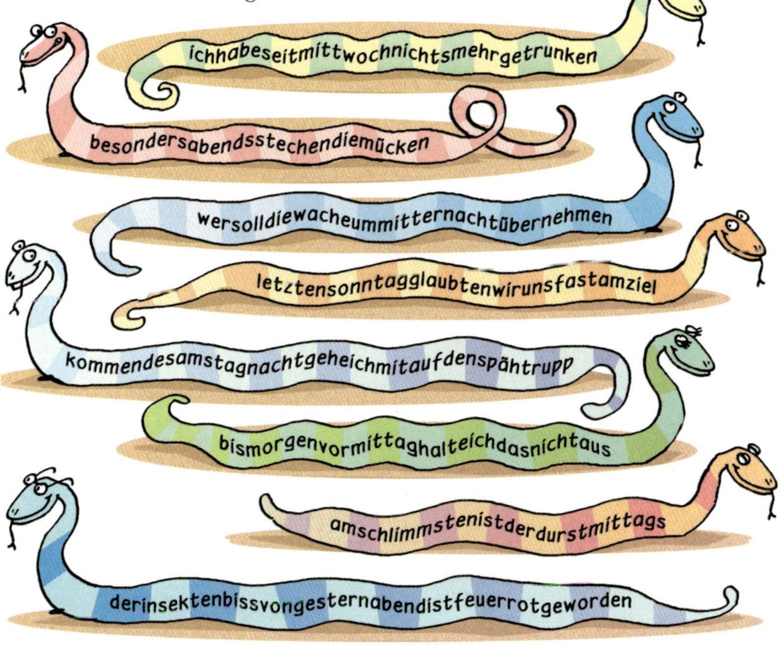

Die geheimnisvolle Insel

Sonntag, der 22. April

Endlich sind wir heute Mittag auf Anzeichen einer menschlichen Besiedlung gestoßen. Bereits Freitagnacht hörten wir Schritte, die nur von Menschen kommen konnten, denn Affen gibt es hier nicht. Als dann am Morgen ein Bottich mit Süßwasser in der Nähe des Lagers gefunden wurde, hatten wir Gewissheit. Zwar hatten wir Samstag den ganzen Tag über ergebnislos die Umgebung durchstreift, aber bei unserer Rückkunft gegen Abend stand wieder ein neuer Wassertrog im Lager. Die Wache hatte nichts bemerkt. Warum nur zeigen sie sich nicht? Haben sie Angst? Wie üblich sonntagmorgens feierten wir auch heute Morgen die heilige Messe. Dann brachen wir gegen Mittag erneut auf. Obwohl der Himmel sich hier normalerweise nachmittags bewölkt, war es diesen Sonntag unerträglich heiß und still. Plötzlich rief Jackson, der Schiffsjunge, aus der Ferne hektisch zu uns herüber. Er war auf eine Feuerstelle gestoßen, die von gestern Abend, allerfrühestens Freitagabend stammen konnte, denn es war noch etwas Glut vorhanden. Was wird uns morgen erwarten? *(164 Wörter)*

Sonderfälle zum Lernen – Eigennamen

In Eigennamen und festen Begriffen werden Adjektive meist großgeschrieben. Die Eigennamen sollte man sich einprägen.

der Rote Platz in Moskau	***aber:** das rote Haus*
das Alte Testament	***aber:** der alte Mann*
Peter der Große	***aber:** der große Baum*

A 15 Bringe die Buchstaben in die richtige Reihenfolge und schreibe auf.

1. äwchSibechsAbl *die* ______
2. ieHgeilbAedn *der* ______
3. tsrEeiaM *der* ______
4. aeByrcsheidlaW *der* ______
5. äilschWstfeedieFre *der* ______
6. ießWeuasH *das* ______
7. gijDrießähgreigKrei *der* ______
8. erVnieentatoiNnen *die* ______

A 16 Ordne die richtigen Bestandteile einander zu.
Achte auf die Großschreibung.

die königliche o	o spiele	1. ______
der heilige o	o ozean	2. ______
der stille o	o vater	3. ______
die olympischen o	o hoheit	4. ______
das neue o	o fernsehen	5. ______
das rote o	o testament	6. ______
der erste o	o fritz	7. ______
das zweite deutsche o	o kreuz	8. ______
der alte o	o weltkrieg	9. ______

A **17** Entscheide, ob du groß- oder kleinschreiben musst. (Manchmal gilt eine Schreibweise für beide Adjektive.)

1.	*der __tlantische Tiefausläufer*	*der __tlantische Ozean*
2.	*der __chwarze Kontinent*	*der __chwarze Sand*
3.	*das __elbe Trikot*	*das __elbe Buch*
4.	*der __ahe Urlaub*	*der __ahe Osten*
5.	*das __leißige Lieschen*	*der __leißige Schüler*
6.	*der __chiefe Bau*	*der __chiefe Turm von Pisa*
7.	*die __eilige Schrift*	*die __eilige Messe*
8.	*die __eiße Wand*	*die __eiße Frau*

Kurznachrichten

Wie aus dem Weißen Haus in Washington verlautete, haben Weiße und Schwarze mit vereinten Kräften an der Erklärung gegen die Rassendiskriminierung gearbeitet.* Am Heiligen Abend wird der Papst zum ersten Mal die heilige Messe in verschiedenen Sprachen lesen.* Zu den Kundgebungen am Ersten Mai werden mehrere Tausend Teilnehmer erwartet.* Wie in London mitgeteilt wurde, hat das englische Forschungsteam sein Ergebnis zu den Ursachen des Dreißigjährigen Krieges veröffentlicht.* Die Friedensbemühungen im Nahen Osten dauern an. Der Deutsche Bundestag sprach sich am Morgen für eine Unterstützung der Verhandlungen aus.* Am Sitz der Vereinten Nationen hat am Abend eine dritte Expertenkommission Stellung genommen. Man erwartet eine Lösung in naher Zukunft.* Wie das Zweite Deutsche Fernsehen berichtet, wird Seine Königliche Hoheit, Prinz Philip der Dritte, morgen in seiner Heimatstadt erwartet.* Die königlichen Wachen stehen am Schloss bereit.* Am Jahrestag der Französischen Revolution wird der französische Staatspräsident eine Rede halten.* In Essen endete am Abend der zweite deutsche Ausscheidungswettkampf im Inlineskating.* Die Veranstalter versprachen für die nahe Zukunft ein internationales Turnier. *(167 Wörter)*

Elfmal schleichen sollte reichen!

Sonderfälle zum Lernen – Feste Begriffe

Die Wörter Angst – Bange – Gram – Leid – Schuld – Pleite können als Nomen auftreten. Dann werden sie großgeschrieben. Werden sie mit sein oder werden verbunden, fasst man sie als Adjektive auf und schreibt sie klein. Dasselbe gilt für Wörter wie Recht und Ernst.

Ihm wird angst.	*Ich habe Angst vor Spinnen.*
Ich bin dein Gejammer leid.	*Ihr soll kein Leid geschehen.*
Du bist schuld an allem.	*Uns trifft keine Schuld.*
Ist dir 17 Uhr recht?	*Sie hat sich zu Recht beschwert.*

A 18 Fülle die Lücken sinnvoll aus. Achte auf die Kleinschreibung.

angst - recht - schuld - bange - gram - leid - ernst - pleite

1. Mir wird .... und ...., wenn ich an die Mathearbeit denke.
2. Daran, dass wir zu spät kommen, bin ich nicht ....
3. Ist es dir ...., wenn ich das erledige?
4. Ich glaube, er meint es sehr ....
5. Bist du uns noch ....?
6. Das ständige Zuspätkommen bin ich endgültig ....
7. Manuela ist .... Sie hat keinen Pfennig mehr.

A 19 Kreise den richtigen Buchstaben ein.

1. Ich bin den ewigen Regen **l**/**L**eid.
2. Nina hat **r**/**R**echt bekommen.
3. Daran trage ich keine **s**/**S**chuld.
4. Beim nächsten Mal müssen wir **e**/**E**rnst machen.
5. Vor **a**/**A**ngst konnte Max nicht einschlafen.

6. Das Geschäft hat **p**/**P**leite gemacht.
7. Bist du mir noch **g**/**G**ram?
8. Keine **b**/**B**ange! Das schaffen wir schon.

A **20** Entscheide, ob du groß- oder kleinschreiben musst.

1. *recht* Immer willst du .... haben!
2. *leid* Ich werde dir kein .... antun.
3. *ernst* Nun wird es vollständig ....
4. *schuld* Dieses Missverständnis ist meine ....
5. *angst* Wir hatten .... um dich.
6. *gram* Vor .... konnte sie nicht einschlafen.
7. *pleite* Was für eine ....!
8. *bange* Der Gedanke an morgen machte ihm Angst und ....

Schlechte Aufsicht

Krach! Benni zuckte vor Angst zusammen. Mit lautem Getöse fiel die Vase auf dem Tisch um und ihr Inhalt ergoss sich über Tischdecke und Teppichboden. Es war nicht seine Schuld, dass seine kleine Schwester wieder einmal Unsinn machte. Wie konnte seine Mutter auch im Ernst annehmen, Linda bliebe brav bei ihren Bauklötzen sitzen, wenn niemand sie beaufsichtigte. Sie, nur sie allein war schuld. Benni fühlte sich im Recht, denn er hatte schließlich Wichtigeres zu tun. Er musste aufpassen, dass die Firma in seinem interaktiven Computerspiel nicht Pleite machte.
Doch als Mutter im Türrahmen erschien, bekam er Angst, und das nicht zu Unrecht. Denn Mutter schien ihre Vorwürfe sehr ernst zu meinen und, schlimmer noch, sie war traurig: „Ich bin es leid, dich ständig zu ermahnen. Du weißt, es ist mir nicht recht, wenn du ständig am Computer spielst. Linda trifft keine Schuld. Sie ist noch zu klein." Benni antwortete kleinlaut: „Du hast recht. Es tut mir leid. In Zukunft passe ich besser auf." *(165 Wörter)*

Unbestimmte Zahladjektive und Indefinitpronomen

Unbestimmte Zahladjektive werden in der Regel großgeschrieben.

Du bist der Einzige, der surfen kann.
Ich kann darüber alles Mögliche erzählen.

Die vier Zahladjektive viel – wenig – eine – andere werden in allen Formen kleingeschrieben. Diese vier lernst du am besten auswendig.
Auch Pronomen wie manche – jede – beide – einige werden kleingeschrieben.

Nur wenige nehmen an der Fahrt teil. *Das meiste habe ich verstanden.*
Der eine oder andere hat den Film schon gesehen. *Die beiden kenne ich.*

A 21 Zunächst eine Übung zu den Ausnahmen: Setze die Zahladjektive und Pronomen sinnvoll ein. Denke an die Kleinschreibung!

anderen – einige – meisten – wenige – eine – meiste – manche – anderes – wenig – vieles – andere – wenigen

1. *Die .... hatten mal wieder keine Lust zum Sportunterricht.*
2. *Das lag daran, dass nur .... genug Kondition für den 5000-Meter-Lauf hatten.*
3. *Der .... oder der .... joggte zwar ein .... in seiner Freizeit.*
4. *Aber zehn Runden um den Platz zu laufen, das war etwas ....*
5. *So behaupteten ...., es gehe ihnen nicht gut.*
6. *Und .... trödelten so lange in der Umkleidekabine, dass der Lehrer mit den ...., die zur Stelle waren, ein Badmintonspiel begann.*
7. *Es gab nicht ...., worüber sich Herr Sommer ärgerte.*
8. *Das .... brachte ihn bloß zum Schmunzeln.*
9. *Als aber die .... endlich kamen, mussten sie um die Halle laufen.*

A **22** Schreibe in der richtigen Schreibweise.

1. heute haben wir unter anderem den ausflug geplant.

2. jeder einzelne durfte einen vorschlag machen.

3. die meisten wollten kanu fahren.

4. nur wenige waren für das schwimmbad.

5. jan sprach sich als einziger für das museum aus.

6. die anderen haben laut gelacht.

7. jan störte das nicht im geringsten.

8. alles weitere besprechen wir morgen.

Test

Vergebliche Mühe

In unserer Klasse ist einiges los. Die einen gehören zur Clique von Sonia und ihrer Freundin Bine. Die beiden haben jede ein eigenes Pony und sie sehen umwerfend aus. Aber eigentlich sind sie ziemlich eingebildet. Immer wollen sie bestimmen und es gibt nicht wenige, über die sie bösartig herziehen. Im Stillen ärgert sich mancher über ihr Verhalten, die meisten trauen sich aber nicht, es laut zu sagen. Nur in einem bekommen sie nicht, was sie wollen. Sie sind unsterblich in Dennis verliebt. Aber der macht sich nicht das Geringste aus ihnen. Die beiden haben schon alles Mögliche versucht. Unter anderem sind sie abends mit ihren Pferden an seinem Haus vorbeigeritten. Dennis fand das Ganze eher lächerlich. Die Einzige, für die er sich interessiert, ist Jana. Jana ist still, aber sie hat in vielem ihre eigene Meinung und lässt sich von den Übrigen nicht beeinflussen. Die anderen nehmen wenig Notiz von ihr. *(153 Wörter)*

Fremdwörter

Häufige Fremdwörter aus dem Französischen

Es gibt bei der Fremdwortschreibung keine verbindliche Regel. Zum Teil ist eine deutsche Schreibweise akzeptiert wie in Nessessär, aber oft wird die französische Schreibweise (Necessaire) bevorzugt. In diesen Fällen kannst du dir aussuchen, wie du schreiben willst, aber innerhalb eines Textes sollte eine einheitliche Schreibweise beibehalten werden. Daneben gibt es auch Wörter, die (noch) nicht eingedeutscht sind, wie z.B. Ingenieur. Deren Schreibweise musst du dir gut einprägen.

Silvester in der Oper

Gestern hat der Intendant des Opernhauses auf der Betriebsversammlung verkündet, dass dieses Jahr ein Silvesterball veranstaltet wird, um die leeren Kassen wieder etwas aufzufüllen. Alle Angestellten, auch die engagierten Schauspieler und Sänger, müssen zu den Vorbereitungen antreten. Schon beim Verteilen der Aufgaben erhob sich Tumult: Die Garderobieren und das Ballett sollen Getränke servieren, die Visagistinnen sollen als Animateurinnen die Gäste unterhalten, während die Schauspieler in der Küche das Buffet zubereiten sollen. Der Intendant hatte sich selbst als Installateur der Dekoration vorgesehen, die Beleuchter und Bühnenarbeiter sollen aber als Putzkolonne mitten in der Nacht aufräumen und sauber machen, da an Neujahr wie immer eine Matinee stattfinden wird. Nur die Friseure und Friseurinnen dürfen ihrem Handwerk nachgehen. Es hagelte wütende Proteste und Beschimpfungen, bis der Direktor den Anwesenden erklärte, dass das Opernhaus schließen müsse, wenn es nicht in der Lage sei, selbst neue Geldquellen aufzutreiben. Voller Ironie öffnete die Primaballerina ihr Portemonnaie und spendete einen Euro, um sich von dieser Fron freizukaufen. Sie entkam aber ihrer Aufgabe nicht.

A 1 Schlage in einem Lexikon die Begriffe nach, die du nicht kennst!

→ Unterstreiche die französischen Fremdwörter!
→ Gibt es eine andere Schreibweise für Friseur und Portemonnaie?
→ Finde die deutsche Schreibweise für: *Bouquet, Sauce, Bravour, Nougat, Coupon, Mayonnaise, Polonaise.*

A 2 Setze die passenden Wörter ein!

Regisseur, Abonnent, Buffet, Trikot

Im Spätsommer setzt sich der Intendant mit dem .... zusammen und entwirft einen Einsatzplan: Es müssen ein Thema gefunden werden und Einladungskarten an die .... verschickt werden, das .... muss zusammengestellt, die Räume aufgeteilt und das Orchester in Combos eingeteilt werden. Die Dekorateure und Friseure entwerfen Frisuren und Dekorationen sowie Kostüme für die Kellner – aus Kostengründen werden es wohl einfache .... sein. Tische und Stühle müssen bestellt und zunächst eingelagert werden.

Ein gelungener Abend

Das Stück, das an diesem Abend gegeben wird, bereitet den Schauspielern keine Schwierigkeiten, die „Fledermaus" beherrschen sie im Schlaf. Aber hinter der Bühne geht es rund: Die vom Intendanten aufgehängten Lampions fallen als Erstes in die kalten Platten, sie dürfen von den Friseurinnen von Mayonnaise befreit werden, während die Garderobieren verzweifelt versuchen, die bereits gefüllten Saucieren durch das Kabelgewirr zum Buffet zu balancieren. Prompt stolpert eine, stößt eine Visagistin an, die in die Sahnetorte fällt.
Im Foyer baut das Orchester seine Instrumente auf. Der Posaunist wundert sich über den dumpfen Ton seines Blasinstrumentes und findet dort das Portemonnaie des Direktors festgeklemmt. Wütend schleudert er den Geldbeutel weg und trifft den Installateur, der die verstopfte Toilette reparieren soll, am Kopf.
Nach der Vorstellung ist das Chaos perfekt. Nervös an einem Nugatriegel kauend, ordnet der Intendant seine Truppen: Die Bühnenarbeiter hängen schnell die Lampions auf, das Trikot der Visagistin wird mit Schminke gestaltet und die Primaballerina sucht den Direktor, um ihm sein Portemonnaie wiederzugeben. Drei Vorhänge lang klatscht das Publikum und strömt dann entspannt zum Buffet. Bis fünf Uhr morgens erlebt die Oper eine rauschende Ballnacht. *(188 Wörter)*

Typische Endungen (-ive, -ition, -eur, -ieren, -age, -tion)

Viele Fremdwörter gibt es sowohl in Verbform als auch in Form von (manchmal mehreren verschiedenen) Nomen. Dabei kann sich eine Bedeutungsverschiebung ergeben.

A 3 Versuche zu folgenden Verben entsprechende Nomen zu finden!

montieren ______________________

reagieren ______________________

motivieren ______________________

deklarieren ______________________

flanieren ______________________

redigieren ______________________

kassieren ______________________

Redaktionskonferenz

In Wismar tritt die Redaktion des Stadtanzeigers zusammen, um wie immer in gemeinsamer Konferenz die Zeitung des nächsten Tages zu planen. Heute ist die Motivation im Keller, weil die letzten Absatzzahlen katastrophale Ergebnisse zeigten und ein großer schleswig-holsteinischer Verlag die Zeitung übernehmen möchte. Der Chefredakteur versucht, seine Leute zu motivieren, indem er ihnen mitteilt, es sei noch nichts entschieden. Es müssen die Themen der Zeitung von morgen zusammengestellt werden, die Ausgabe soll auch früher als sonst redigiert werden, da noch eine Betriebsversammlung stattfinden soll.

A 4 *redigieren – Redaktion – Redakteur*
Versuche den unterschiedlichen Inhalt der Wörter in einem Satz zu beschreiben.
Bilde eine ähnliche Wortgruppe mit *montieren, kassieren, agieren.*

A 5 Finde die entsprechenden Fremdwörter:

- → Spaziergänger mit viel Zeit — FL _ _ _ _ _
- → Antriebswagen einer Eisenbahn — L _ _ _ _ _ _ _ _ _
- → Explosionspatronen — M _ _ _ _ _ _ _
- → Erklärung, Inhaltsangabe — D _ _ _ _ _ _ _ _ _ _
- → Studierter Techniker — I _ _ _ _ _ _ _ _

Test

Extraausgabe

Die Planung der Zeitung von morgen wird diskutiert. Der Chefredakteur fragt, was es an Themen gebe. Es kommen verschiedene Vorschläge aus der Redaktion: Die Stilllegung der Museumsbahn mit Dampflokomotive – die Molli genannte Eisenbahn, die mitten durch die Stadt führt, ist außerordentlich beliebt, aber unwirtschaftlich. Die Arbeit der Ingenieure, die für die Schiffbarkeit des Hafens verantwortlich sind. Ein Bericht über den Monteur, der bei Bauarbeiten aus Versehen den Munitionsschrank der Baufirma in die Luft jagte, ohne dass jemand verletzt wurde. Die Deklaration von Lebensmitteln – für den Verbraucher zum Teil völlig undurchschaubar – soll in der Wochenendbeilage erläutert werden.
Da stürzt der Herausgeber der Zeitung in den Raum und teilt mit, dass der schleswig-holsteinische Verlag von Springer kassiert worden ist, was dem Stadtanzeiger zunächst weiter die Selbstständigkeit ermöglicht, zumal eine große Brauerei die Zeitung finanziell unterstützen will. Sofort sind die Redakteure, Reporter und Fotografen wieder motiviert und hantieren, agieren, laufen, als seien alle Probleme aus der Welt geschafft.

(156 Wörter)

k statt ck

Pauker

Unser Lehrer Doktor Hasenfratz fiel auf: Da er gern belgisches Konfekt aß, blieb dies nicht ohne Effekt auf seine Figur, er war dick. Wenn er dann noch mit unerschütterlich schwäbischem Dialekt uns Hannoveraner in Erdkunde und Biologie unterrichtete und seine Vorliebe für Insekten, Kakteen und Stalaktiten jedem nach fünf Minuten klar war, dann wussten wir alle, dass dies ein interessantes Schuljahr werden würde. Unser Direktor war das genaue Gegenteil, dünn, langweilig, streng, überaus korrekt und als Deutsch- und Mathelehrer stets mit abstrakten Problemen beschäftigt. Sein Hobby war das Entwerfen von Diktaten!

Schlage die Begriffe nach, die du nicht kennst.

K nach kurzem Vokal wird häufig mit ck geschrieben.

Überprüfe diese Regel an dem Text und schreibe die Wörter heraus, die nicht zu der Regel passen.

→ *Doktor, Konfekt, Effekt, Dialekt, Insekten, Kakteen, Stalaktiten, Direktor, korrekt, abstrakt, Diktate*
Was haben diese Wörter gemeinsam? ***Hier folgt dem k-Laut stets t.***

A 6 Ersetze die fett hervorgehobenen Wörter durch passende Ausdrücke aus der Wortliste! Achte auf die richtigen grammatischen Anschlüsse!

Rakete, praktisch, Pakt, Stalaktit, Lok(omotive), Lakai, Vikar, Kaktus, defekt, abstrakt, Direktor, Dialekt, fiktiv, elektrisch, Produkt, Doktor, Konflikt, Kontakt, Insekt, Stalagmit, Architekt, Konfekt, kakofonisch, Projekt, korrekt, Diktat

1. *Isst man zu viel **Süßes**, muss man zum **Arzt**.*
2. *Die **Mundart** wird durch sprachliche **Beziehungen** weitergegeben.*
3. *Der **Tropfstein** ist das **Ergebnis** Abertausender steter Kalkwassertropfen.*
4. *Der **Streit** der **Schulleiter** musste durch das Kultusministerium geschlichtet werden.*
5. *Das **Kerbtier** befruchtet die **Stachelpflanze**.*

A 7 Kreuzworträtsel (Die Lösungswörter findest du links in der Liste.)

misstönend
Fluggerät in den Weltraum
kaputt
etwas Geplantes
richtig und vernünftig
etw. nach Anweisung schreiben
Tropfstein (von unten nach oben)
Tropfstein (von oben nach unten)
Strom ist ...
zweckmäßig
Streit, Auseinandersetzung

Lehrer!

Der erste große Konflikt zwischen Doktor Hasenfratz und dem Direktor fand während der Projektwoche statt. Hasenfratz wollte uns zum Abschluss zeigen, wie man eine elektrisch betriebene Rakete baut. Dies fand der Direktor absolut unkorrekt und drohte dem Lehrer Disziplinarmaßnahmen an. Das Produkt dieses Versuchs flog ohnehin nicht, weil die Elektrospule defekt war. Zum Trost spendierten wir Schüler unserem Lehrer eine Schachtel Konfekt, denn durch den entstandenen Ärger kam der Rektor nicht dazu, sich mit komplizierten Diktaten zu beschäftigen.
Der nächste Ärger stand bei unserer Klassenfahrt an. Doktor Hasenfratz wollte als begeisterter Höhlenkundler mit uns die Laichinger Tiefenhöhle erkunden. Stalaktiten und Stalagmiten statt Disco und Hamburgerbuden! Der Direktor fand dies unverantwortlich, weil Hasenfratz praktisch nicht für die Sicherheit der Schüler garantieren konnte. Der Lehrer redete mit Engelszungen auf seinen Chef ein: Es drohe keine Gefahr durch Insektenstiche, kakofonische Musik oder sonstige Anfechtungen der Großstadt. Also ging es doch auf die Schwäbische Alb, wo wir wirklich nicht viel anstellen konnten, schon weil wir den Dialekt nicht verstanden. *(165 Wörter)*

i statt ie

A 8 Schreibe die Wörter heraus, die ein langes i ohne Dehnungszeichen (ie, ieh) haben!

Im Delfinarium

Little Hamburg in Maine (USA) hat seit zwanzig Jahren ein Delfinarium, das sich bei den Einheimischen und Besuchern großer Beliebtheit erfreut und deshalb recht zivile Eintrittspreise hat. Probleme bereiten jedoch die Kosten der Wasseraufbereitung: Seit zwanzig Jahren sind weder die Pumpen noch die Turbinen ausgetauscht worden. Direkt am Meer gelegen, drückt das Meerwasser mit den Gezeiten durch eine Turbinenanlage und schafft so frisches Wasser für die Delfine sowie Energie zur Beheizung des Tropenhauses. Dieser Kreislauf wurde vor zwei Wochen gestört, als die Turbinen ausfielen und die Pumpen für das Brauchwasser reparaturbedürftig waren. Ohne diese Maschinen konnte den Delfinen kein Frischwasser zugeführt werden.

A 9 Hier ist etwas durcheinandergeraten.
Setze die Wörter wieder richtig zusammen.

MA-SI-NE	MAN-DA-MI-SE	AN-CHO-FIN
VI-RI-NE	TUR-MIN	AP-FEL-SCHI-NE
VI-TA-BI-NE	RE-RUS	DEL-VIS

A 10 Nonsens: Hier muss wieder etwas geordnet werden.

Die Delfine schwimmen in Öl. Die Maschine wird mit Apfelsinen gefüllt, dann läuft sie zivil. Die Anchovis werden in der Remise abgestellt werden und die Turbinen antreiben. Die Viren tummeln sich in den Vitaminen. Mandarinen schwärmen im Meerwasser.

Versuche, aus dem Bestand einigermaßen sinnvolle Sätze zu bilden. Du darfst auch andere Verben verwenden.

Die Delfine tummeln sich im Meerwasser. Viren machen krank.

Alarm im Delfinarium

Durch den Ausfall der Wasseraustauschanlage konnte seit Tagen kein frisches Wasser in das Delfinbecken gelassen werden, und die Tiere wurden zusehends schwächer. Der herbeigerufene Tierarzt diagnostizierte eine Viruserkrankung, gegen die es kein Medikament gibt. Man kann nur die allgemeine Abwehr stärken, indem man den Delfinen verstärkt Vitamine zuführt. Jetzt hatten die Pfleger ein Problem, denn Mandarinen und Apfelsinen fressen die Kleinwale nicht ohne Weiteres. Für die ersten Tage konnte der Tierarzt Vitaminspritzen verabreichen.
Als einer der Pfleger in der alten Remise nach einem Ersatzteil suchte, fand er eine mobile Zusatzpumpe. Mit dieser Maschine konnte zumindest ein minimaler Wasseraustausch gewährleistet werden. Kaum spürten die Tiere das frische Meerwasser, wurden sie auch schon lebhafter. Inzwischen hatten die Bürger von Little Hamburg von der Bedrohung der Delfine und der defekten Turbinenanlage erfahren und veranstalteten einen Basar, um dem Delfinarium zu helfen. Es wurde unter anderem Anchovispizza verkauft.
Nach zwei Monaten hatten die Delfine die Viruserkrankung überwunden und die Bürger hatten so viel Geld gespendet, dass neue Turbinen gekauft werden konnten. *(170 Wörter)*

Gemischte Übungen

Lies den Text sorgfältig durch!

Der Stadtanzeiger berichtet aus Schwerin.

Obwohl in Mecklenburg der Fasching nicht unbedingt zum alten folkloristischen Brauch gehört, verstehen es die Schweriner, dennoch ausgiebig zu feiern, wie die Faschingsfete in der Pralinenfabrik „Zucker Zucker!" jedes Jahr beweist. Am Ende der närrischen Saison zeigen die Mecklenburger den Südländern, wie man mit Polonaise und Mayonnaise Stimmung macht.
Dieses Jahr entwickelte der Architekt Schefhus das Faschingskonfekt, einen Geleedelfin mit Schokoladenguss. Für fünf tolle Tage stehen die Maschinen still und die Bevölkerung wird mit den Produkten der Fabrik versorgt. Wie der Maschineningenieur uns mitteilte, sind in den Wochen zuvor die Produktionsgeräte rund um die Uhr im Einsatz.

A 11 Auch hier ist etwas durcheinandergeraten. Setze die Wörter wieder richtig zusammen!

Masch-dukt, Schoko-son, Pro-naise, Kon-tee, Archi-met, Gel-ine, Mayon-lade, Polo-line, Gour-fekt, Pra-tekt, Sai-naise

A 12 Schreibe fünf Sätze mit folgenden Wörtern: *Ingenieur, Direktor, Buffet, international, Produktion, Institution, Gourmet, Schokolade, Gelee, Mayonnaise.*
Wenn es geht, kannst du eine Nonsensgeschichte schreiben.

A 13 Finde das entsprechende Fremdwort und trage es ein! Spicken im Diktattext ist erlaubt!

Fertigungshalle ....

Feinschmecker ....

Baumeister ....

öffentliche Einrichtung ....

Lobrede ....

Test

Tolle Tage in Schwerin

Am Donnerstag – Weiberfastnacht – steigt um fünf die Feier für alle Schweriner mit einer riesigen Polonaise rund um das Schweriner Schloss.* Die Menschenschlange bewegt sich zur leer geräumten Produktionshalle der Pralinenfabrik, wo örtliche Bands zum Tanz aufspielen.* Am Samstag ist die große Elferratssitzung, wo lokale Größen ironisch ihr Fett abbekommen. Am Sonntag zeigen sich die Masken auf dem Rathausplatz, wo auch die originellsten Kostüme prämiert werden.* Auf den Schöpfer der vom Elferrat ausgewählten Konfektform, Architekt Schefhus, wird am Rosenmontag eine zum Geleedelfin passende Laudatio gehalten.* Diese Veranstaltung geht nahtlos in den großen Faschingsball über, der bis Dienstag früh dauert.* Aus der Abfüllanlage sprudelt Bier und Wein, die Schokoladenwannen sind mit Limonade gefüllt. Das Buffet erfüllt auch den Gourmets den einen oder anderen Wunsch.* Ermöglicht wird eine solche Feier nur durch Sponsoren, die auch international tätig sind, wie der Direktor stolz erzählt.* Er wird als Korsar dieses Jahr das Buffet nicht gerade entern, aber eröffnen.* Hoffentlich wird diese ausgelassene Feier auch in Zukunft zu den unumstößlichen Institutionen der Landeshauptstadt gehören. *(172 Wörter)*

Neunmal schleichen sollte reichen.

Getrennt- und Zusammenschreibung

Untrennbare Zusammensetzungen mit einem Verb

Es gibt feste Verbindungen mit einem Verb, die in allen gebeugten Verbformen zusammengeschrieben werden. Diese nennt man untrennbare Zusammensetzungen.

Beispiel: *übertreten – ich übertrete niemals ein Gesetz*
widersprechen – er widersprach niemals

A 1 Im folgenden Buchstabenquadrat finden sich zahlreiche feste Verbindungen. Markiere diese farbig.

U	N	T	E	R	S	U	C	H	E	N	K	B	H	U
S	F	S	C	H	L	A	F	W	A	N	D	E	L	N
D	Ü	T	H	M	G	F	R	I	F	U	S	F	S	T
H	B	**Ü**	**B**	**E**	**R**	R	E	D	E	N	A	D	A	E
K	E	F	T	H	**L**	D	T	E	S	T	Z	K	F	R
Ö	R	K	F	D	**E**	S	R	R	E	E	E	A	L	S
J	F	L	T	H	**G**	W	E	S	A	R	K	G	R	C
L	A	G	R	K	**E**	E	R	P	F	W	W	E	T	H
K	L	H	H	I	**N**	T	E	R	G	E	H	E	N	R
I	L	I	E	B	K	O	S	E	N	R	E	E	Z	E
U	E	J	G	N	K	A	R	C	E	F	R	S	J	I
E	N	Ö	J	L	D	E	W	H	T	E	T	D	Ü	B
L	A	N	G	W	E	I	L	E	N	N	Ö	G	L	E
D	F	G	K	E	A	S	A	N	V	N	M	F	D	N

A 2 Suche aus den folgenden Zusammensetzungen mit einem Verb die untrennbaren heraus. Führe bei deiner Auswahl stets die Probe durch, indem du mit diesem Verb einen Satz in der 1. Person Singular Präsens bildest!

Beispiel: ***hintergehen*** → *Ich hintergehe meine Eltern, indem ich meine Noten verberge.*

wiederholen – hinuntersteigen – frohlocken – langweilen – anschauen – untersuchen – unterziehen – fernsehen – irreführen – preisgeben – schlussfolgern – vollenden – nachschlagen – teilnehmen

Die Konferenz der Tiere (von Erich Kästner)

Die Menschen auf der Erde übertreten Grenzen, führen daraufhin Kriege und halten schließlich Konferenzen ab, um wieder Frieden zu schließen. Doch leider haben die wenigsten Konferenzen tatsächlich Erfolg.

Die Tiere der Welt beobachten dieses Treiben der Menschen und überlegen, wie sie diesen tödlichen Kreislauf unterbrechen können. Parallel zur 87sten Konferenz der Staatsmänner, treffen sich die Tiere zu ihrer ersten Zusammenkunft. Sie beschließen, den Menschen zu widersprechen und sie ihrer Vernunft zu unterwerfen.

Zuerst überfallen die Nagetiere die Büros der Menschen und fressen deren Akten. Danach werden die Motten auf die Soldaten gehetzt, um deren Uniformen zu zerstören, denn die Militärs verkörpern die Macht der Staatsmänner.

Doch die Menschen bleiben stur, woraufhin die Tiere schlussfolgern, dass nur die Entführung der Kinder zum Nachgeben der Menschen führen kann. In unbekannten Gegenden werden die Kinder versteckt, was endlich bewirkt, dass die Staatsmänner ihre Konferenz unterbrechen. Sie unterschreiben schließlich den Vertrag mit den Tieren, da sie den Widerstand der Eltern fürchten.

(164 Wörter)

Unfeste Zusammensetzungen

Es gibt Verbindungen von Präpositionen mit einem Verb, bei denen sich die Reihenfolge im Satz ändern kann.

Beispiel: *auffallen → Er fällt zwischen all den kleinen Kindern besonders auf.*

Diese Verbindungen nennt man unfeste Zusammensetzungen.

A 3 Welche unfesten Verbindungen lassen sich aus den folgenden Bestandteilen zusammensetzen?

gehen, *schauen*, *sehen*, *werfen*, *stehen*

auf- **aus-** **ab-** **hin-**

geben, *halten*, *treten*, *lachen*, *leben*

Sortiere die gefundenen unfesten Verbindungen und schreibe sie auf.

Diese unfesten Zusammensetzungen werden nur im Infinitiv, in den beiden Partizipien und bei Endstellung im Nebensatz zusammengeschrieben.

Beispiel: *aufgehen (Infinitiv), die aufgehende (Partizip I) Sonne,*
die Sonne ist aufgegangen (Partizip II),
weil die Sonne aufgeht (Endstellung im Nebensatz),

aber: *Die Sonne geht auf!*

A **4** Vervollständige die folgende Verbtabelle.

Infinitiv	3. Person Singular	Partizip
auffallen	er fällt (in der Schule) auf	er ist in der Schule aufgefallen
ausgehen		
abbrechen		
auslachen		
aushalten		
ausrechnen		
nachgeben		

Test

Die Massai

Das afrikanische Volk der Massai, das in Kenia und Tansania anzutreffen ist, hat das Nomadenleben niemals aufgegeben. So ziehen sie auch heute noch wie schon seit vielen Tausend Jahren durch die Savannen Ostafrikas. Sie lehnen das moderne Leben ab und pflegen ihre traditionellen Lebensgewohnheiten. Ihre Viehherden, die vor allem aus Rindern, aber auch aus Schafen und Ziegen bestehen, stellen ihre Lebensgrundlage dar. Doch essen sie nur selten Fleisch. Vielmehr ernähren sie sich von Nahrungsmitteln, die aus der Milch ihrer Tiere gewonnen werden können.

Um aber in den Trockenzeiten überleben zu können, trinken sie das Blut ihrer Rinder. Dazu werden diese aber keineswegs geschlachtet, denn dies würde einen zu großen Verlust für den Besitzstand bedeuten. Nicht zuletzt aufgrund dieser altertümlichen Sitte sind die Massai ein sagenumwobenes Kriegervolk.

Der junge Massai wächst mit dem Bewusstsein auf, ein großer Krieger zu werden, der die Gemeinschaft schützen soll, auch wenn er dafür sein Leben aufopfern muss. Den Beweis seiner Tapferkeit erbringt er, indem er einen Löwen im Kampf tötet. *(168 Wörter)*

Nomen und Verb

Wortverbindungen, die aus einem Nomen und einem Verb bestehen, schreibt man in der Regel getrennt!

Beispiel: *Rad fahren, Klavier spielen …*

A 5 Vervollständige die folgenden Sätze mit einer passenden Wortverbindung aus Nomen und Verb!

1. *Seit meinem 18. Geburtstag darf ich endlich* Auto fahren.
2. *Der beste Schüler des Jahrgangs muss auf der Abiturfeier eine* Rede halten.
3. *Im Winter kann man hier auf dem zugefrorenen See* eislaufen.
4. *Früher, als es noch keine Waschmaschinen gab, mussten die Menschen mit der Hand* waschen.
5. *Meine Eltern haben ein Klavier gekauft. Jetzt kann ich auch zu Hause* Klavier spielen.

Zu der oben genannten Regel gibt es einige Ausnahmen. Das Nomen ist in diesen Ausnahmefällen verblasst. Ist das Nomen verblasst, so wird die Wortverbindung mit einem Verb zusammengeschrieben

Beispiel: *eislaufen, leidtun, teilnehmen, heimgehen, preisgeben …*

A 6 Im folgenden Buchstabenquadrat finden sich viele Ausnahmen, bei denen das Nomen verblasst ist.

A	J	G	F	S	A	I	E	S	S	A	T	J	K	Ö
D	T	H	E	I	M	G	D	S	A	A	I	E	W	N
W	H	E	E	R	K	E	H	R	E	N	N	D	U	F
R	O	I	D	R	F	D	A	I	E	S	E	W	N	D
G	A	M	A	E	F	Ü	H	R	E	N	D	S	D	S
H	F	F	W	D	A	F	J	K	Ö	H	R	I	E	A
J	G	A	T	E	I	L	S	W	D	F	Ö	R	R	N
H	S	H	D	G	G	H	I	E	R	T	F	R	H	E
G	I	R	D	S	T	A	T	T	C	D	K	E	L	H
D	U	E	D	R	Ö	B	Ä	T	F	A	F	W	S	M
P	Z	N	A	W	R	E	G	M	Z	I	J	E	I	E
E	Ö	F	T	F	I	N	J	A	W	A	N	R	I	N
J	K	E	E	F	R	F	R	C	G	H	I	D	O	G
Q	G	E	I	F	R	E	I	H	G	G	F	E	E	J
S	E	T	L	D	A	W	R	E	F	G	Z	N	D	N
A	D	S	N	E	H	M	E	N	S	A	S	V	E	M

Redekunst

In der tschechischen Hauptstadt Prag strapazierte ein englischer Angeklagter die Nerven des Gerichts, indem er endlose Reden hielt. Sein Ziel war es, die Richter durch seinen Monolog irrezuführen und in den Wahnsinn zu treiben. Die Richter forderten, dass er Maß halten solle, womit sie bei dem Beschuldigten allerdings kein Gehör fanden. Er nutzte eine Besonderheit des tschechischen Rechts, das Verteidigungsreden kein Zeitlimit setzt.
Die erste Übersetzerin durfte bereits heimkehren, nachdem sie vor Erschöpfung zusammengebrochen war. Sie konnte gerade mal zwei Tage dem Redeschwall standhalten. Der Engländer hätte theoretisch Monate reden können, da das Gesetz nicht vorschreibt, dass er direkt zum Thema sprechen muss. Glücklicherweise beschränkte er sich auf nur wenige Wochen. In dieser Zeit war er bereit, unwichtige Details aus seinem Leben preiszugeben.
Er erzählte, wie er täglich zum Waschsalon ging, um seine Wäsche zu waschen. Zudem war er ein leidenschaftlicher Wintersportler. Regelmäßig ging er eislaufen, Schlitten und Ski fahren. Der Richter drohte schließlich irrezuwerden und unterbrach die Verhandlung für mehrere Tage. *(164 Wörter)*

Nomen und Partizip

Wortkombinationen aus Nomen und Partizip werden in der Regel getrennt geschrieben! Werden solche Verbindungen wie ein Adjektiv verwendet, kannst du sie auch zusammenschreiben.

Beispiel: *Not leidend / notleidend*
Die Not leidende/ notleidende Bevölkerung des überschwemmten Gebietes wurde aus der Luft mit Lebensmitteln versorgt.

A 7 Setze die Verbindungen aus Nomen und Partizip in die Schlagzeilen ein!

Furcht einflößend ***Handel treibend***

Asyl suchend ***Aufsicht führend***

1. *Ein* asylsuchender *Afrikaner wurde vom Grenzschutz abgeschoben.*
2. *Eine* furchteinflößende *Gestalt trat aus dem Dunkel.*
3. *Der* aufsichtführende *Lehrer wurde auf der Rückreise am Straßenrand vergessen.*
4. *Ein* handeltreibender *Geschäftsmann wurde wegen Betrugs in England verurteilt.*

Es gibt einen weiteren Fall, in dem eine Wortverbindung aus Nomen und Partizip zusammengeschrieben wird: wenn durch die Verbindung ein Wort eingespart wird, d. h., wenn der erste Bestandteil (Nomen) aus einer Wortgruppe verkürzt worden ist.

Beispiel: *herzerquickend (= das Herz erquickend) → hier geht in der neuen Wortverbindung der Artikel das verloren.*

A **8** Entscheide, ob die Wortverbindung aus Nomen und Partizip getrennt oder zusammengeschrieben werden muss.

1. *Der Junge nahm .... **(Freude + strahlend)** die unglaubliche Menge an Weihnachtsgeschenken entgegen.*
2. *Die .... **(Geheimnis + umwittert)** Schlösser und Seen in den schottischen Highlands ziehen viele Touristen an.*
3. *Die .... **(Mond + beschienen)** Landschaft gefiel ihm besser, als dies bei Tageslicht der Fall war.*
4. *Schon das kleinste Geräusch ließ ihn .... **(Angst + erfüllt)** umherblicken.*

Kindern und Jugendlichen wird Frieden per Knopfdruck verordnet

In den USA entschloss sich die Regierung zu einer aufsehenerregenden Entscheidung, die den Konsum von Gewalt im Fernsehen für Jugendliche beschränken soll.* In Zukunft sollen Fernseher mit einem Chip ausgestattet werden, der Gewaltfilme blockiert, wenn Eltern den Fernseher zuvor per Fernbedienung programmiert haben. Kritische Eltern nahmen diese Entscheidung freudestrahlend auf.* Solche Maßnahmen waren in jüngster Zeit verstärkt gefordert worden, nachdem es vermehrt zu Gewalttaten an amerikanischen Schulen gekommen war.* Angsterfüllte Eltern wollten ihre Kinder nicht mehr zur Schule schicken, da sie befürchten, dass es sich bei dieser Art von Gewalt vor allem um Nachahmung von ekelerregenden Szenen aus dem Fernsehen handelt.* Zunächst waren die Fernsehsender aufgerufen worden, auf solche gewinnbringenden Sendungen zu verzichten.* Gerade Bilder mit Not leidenden Opfern hatten Anstoß in der Öffentlichkeit erregt. Nun wird die nach Profit strebende Unterhaltungsindustrie der Zensur der Eltern unterworfen.* Ob diese Schutzmaßnahme imstande ist, das Problem mit gewaltbereiten Jugendlichen zu lösen, bleibt fraglich, da vor allem allein gelassene Kinder berufstätiger Eltern den Gewaltdarstellungen ausgesetzt sind. *(171 Wörter)*

Siebenmal schleichen sollte reichen.

Verbindungen eines Verbs im Infinitiv mit einem Verb

Eine Wortverbindung aus einem Verb im Infinitiv und einem weiteren Verb schreibt man meist getrennt!

Beispiel: *Wir könnten mal wieder schwimmen gehen.*

Verbindungen aus Infinitiv mit bleiben oder lassen kannst du bei übertragener Bedeutung getrennt oder zusammenschreiben.

Beispiel: *Du sollst mich gehen lassen/gehenlassen (= in Ruhe lassen).*
Aber: Die Lehrerin hat mich nach Hause gehen lassen.

Die Verbindung aus kennen und lernen kannst du ebenfalls getrennt oder zusammenschreiben.

A 9 Welcher Infinitiv passt zu welchem anderen Verb? Verbinde.

Infinitiv	Verb
sitzen	lassen
spazieren	lassen
fallen	bleiben
stecken	gehen

A 10 Finde die möglichen Verbindungen mit *bleiben* und *lassen*. Bei übertragener Bedeutung kannst du getrennt oder zusammenschreiben!

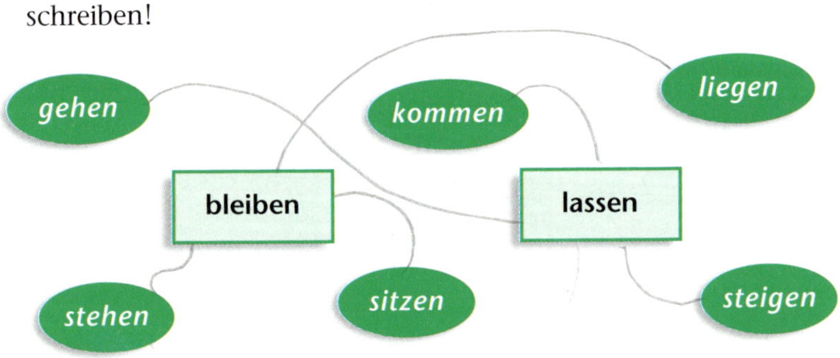

Die Schule

Schüler sind gar nicht so unglücklich über die Schule, wie man das aus vielen Äußerungen schließen könnte. Natürlich möchte niemand sitzen bleiben, aber die Notwendigkeit der Noten ist doch weitgehend anerkannt. Allerdings besteht für den Großteil der Schüler die Motivation nicht darin, in der Schule etwas lernen zu wollen. Sie wollen vielmehr Gleichaltrige kennenlernen. Für Steven, einen Schüler der 7. Klasse, ist es wichtig, gut schreiben zu lernen. Wozu er aber die Höhen der Mathematik erklimmen müsse, könne er gar nicht verstehen. Leonie beschwert sich dagegen über die lästigen Hausaufgaben, die als eine traurige Gewissheit den Schüler auf dem Nachhauseweg begleiten. Sie würde am Nachmittag lieber mit ihrer Freundin Natascha spazieren gehen.

Die Schüler einer 7. Klasse forderten einstimmig, die Schule erst gegen 10 Uhr beginnen zu lassen, da man dann länger im Bett liegen bleiben könne. Livia meinte dazu: „Ich könnte mir vorstellen, dann sogar bis nachmittags in der Schule zu bleiben, wenn man gemeinsam die Hausaufgaben unter Aufsicht erledigen dürfte." *(164 Wörter)*

Partizip und Verb

Wortverbindungen aus einem Partizip und einem Verb werden immer getrennt geschrieben!

Beispiel: *getrennt schreiben*
(getrennt = Partizip, schreiben = Verb)

A 11 Im folgenden Text sind alle Wörter kleingeschrieben. Außerdem hängen alle Buchstaben aneinander. Trenne zunächst den Text durch Schrägstriche, die die Wörter voneinander trennen. Schreibe dann den Text neu!

Schnapsdrosseln

*einegroßeanzahlvondrosselnmachteineinerkleinenstadtinkalifornienaufsichauf-
merksam. einanwohner, dergeradeseinengeburtstagfeierte, dachte, eshandle-
sichumeinengeburtstagsscherz, beidemihmfreundesingendgratulierenwollten.
alsersichlobendbedankenwollte, bemerkteer, dassdraußenniemandwar. er-
sahjedocheinegroßeanzahldrosseln, diesingendumherflogen. das schauspiel-
wolltenichtenden, dergesangbegannsichzumlärmzusteigern. bevorerfast-
rasendwurde, stürzteerausdemhaus. erwollteeinpaarderschreihälsegefangen-
nehmen, wasihmauchteilweisegelang. ermusstefeststellen, dassdasverhalten-
dertieresehrungewöhnlichwar. nacheinerhalbenstundewardergesangver-
stummt. zuseinemerstaunenlagenfastallevögelaufdemboden.
esstelltesichschließlichheraus, dassdasverhaltendertiereauftrunkenheitzurückzu-
führenwar. siehattengegorenebeerenimgartendesgeburtstagskindesverzehrt.*

A 12 In diesem Text über die betrunkenen Singvögel kommen fünf Wortverbindungen vor, die aus einem Partizip und einem Verb bestehen. Welche sind dies?

1. .... 2. ....

3. .... 4. ....

5. ....

A 13 Bilde Wortverbindungen aus Partizip und Verb, indem du die Verben den Partizipien zuordnest.

gehen – halten – leben – werden – bekommen – erwähnen

→ gestört werden → geschenkt bekommen
→ getrennt leben → verloren gehen
→ gefangen halten → lobend erwähnen

Test

Das Problem mit dem Parkplatz

Ein 78 Jahre alter Mann hat mit seinem Auto ein heilloses Chaos auf einem Parkplatz in Mannheim angerichtet. Den Wagen hatte der Mann an diesem Tag, seinem 78sten Geburtstag, geschenkt bekommen. Da sich der Mann ungewöhnlich ungeschickt anstellte, kam es zu einer Kettenreaktion. Zuerst sollte der Rentner von zwei geparkten Autos gestört werden. Die schob er einfach beiseite, sodass sie zwei weitere Autos rammten. Es schien, als würde der Mann rasend werden, denn er gab kräftig Gas, um vorwärts in eine Parklücke zu fahren. Dort prallte er auf ein geparktes Taxi, das wiederum gegen eine junge Mutter geschleudert wurde.
Die Frau wurde dabei schwer verletzt, das Kind auf ihrem Arm konnte sie dagegen ausreichend schützen. Das Taxi rollte daraufhin führerlos weiter in Richtung Eingang des Supermarktes, wo es gegen eine Fischbude stieß. Der herbeistürzenden Polizei gelang es schließlich, das Geburtstagskind gefangen zu nehmen. Ob der Mann für seine Taten verantwortlich gemacht werden kann, muss noch geklärt werden. *(162 Wörter)*

Adjektiv und Verb

Wortverbindungen aus einem Adjektiv und einem Verb werden zusammengeschrieben, wenn durch die Verbindung eine neue Gesamtbedeutung entsteht, die über die Bedeutung ihrer einzelnen Bestandteile hinausgeht.

Beispiel: *Nach seinem Herzinfarkt muss Opa jetzt kürzertreten.*
Du bist gut in Mathe, da wird dir Physik nicht schwerfallen.

Achtung! ***„klein schreiben" wird getrennt geschrieben, wenn es bedeutet, dass mit kleiner Schrift geschrieben wird.*** *(Du darfst nicht zu klein schreiben.)* ***Es gibt aber auch die Schreibung „kleinschreiben". Hiermit ist gemeint, dass der Anfangsbuchstabe klein geschrieben wird, z.B. bei einem Adjektiv.***

Lässt sich nicht genau entscheiden, ob eine neue Gesamtbedeutung vorliegt, kannst du getrennt oder zusammenschreiben.

Beispiel: *Mutter kann im Juli zwei Wochen frei bekommen/freibekommen.*
Ich muss die lackierte Stelle noch glatt schleifen/glattschleifen.
Die Suppe muss fertig kochen/fertigkochen, bevor du sie würzt.

A 14 Entscheide in den folgenden Fällen, ob die Wortverbindung aus Adjektiv und Verb getrennt oder zusammengeschrieben werden muss!

→ *Verben muss man klein/schreiben.*

___

→ *Mein kleiner Bruder hat seinen Aufsatz so klein/geschrieben, dass man ihn kaum lesen kann.*

___

→ *Wenn man in der Schule ein Referat hält, sollte man möglichst frei/sprechen.*

___

→ *Der Richter konnte den Angeklagten keinesfalls frei/sprechen.*

___

A 15 Gesucht werden Adjektive auf *-ig, -isch* oder *-lich,* die mit dem Verb eine sinnvolle Wortverbindung ergeben.

						I	G		*fallen*
						I	G		~~*ruhen*~~
					I	S	C	H	*schlafen*
			L	I	C	H			*schmecken*
R	U	H	I	G					*bleiben*

„Ä" und „Ü" bleiben in diesem Kreuzworträtsel „Ä" und „Ü"; „ß" ebenso

Das Lösungswort ergibt mit dem Verb „sprechen" eine zusammengeschriebene Wortverbindung, die vor allem in der Sprache der Kirche ihren Gebrauch findet.

Naomi und Alan

Nachdem Alan mit seinen Freunden den Nachmittag auf dem Baseballplatz verbracht hatte, kehrte er nach Hause zurück. Im Treppenhaus erschrak er, als ein ihm unbekanntes Mädchen plötzlich ängstlich weglief. Sie schien beim Weglaufen so schnell zu sprechen, dass er kein einziges Wort verstehen konnte. Doch noch vor der Wohnungstür wurde ihm klar, dass das Mädchen fremde Worte verwendet hatte. Spöttisch fragte er seine Mutter nach der neuen Hausbewohnerin. „Ich wollte mit dir darüber reden", entgegnete die Mutter.
Das Mädchen hieß Naomi und war vor dem Krieg in Europa mit ihrer Mutter nach New York geflohen. Die Eltern wollten, dass Alan sich ein wenig um dieses Mädchen kümmere. Alan dachte, dass ihm dieser Auftrag lästig fallen werden würde, doch er gab schließlich nach. Er versuchte, seine Treffen mit dem Mädchen vor seinen Freunden geheim zu halten, denn sie galt als verrückt und in gewisser Weise war sie das auch. Sie sprach nicht direkt mit Alan, sondern benutzte ihre Puppe. Nur so konnte sie frei sprechen. Irgendwann musste er sich allerdings doch zu der entstehenden Freundschaft bekennen. *(178 Wörter)*

(Die Geschichte der seltsamen Freundschaft zwischen Naomi und Alan wird in dem Buch „Der gelbe Vogel" von Myron Levoy erzählt.)

Verblasstes Nomen mit Präposition

Man schreibt ein sogenanntes verblasstes Nomen mit einer Präposition zusammen, weil die Bedeutung der einzelnen Teile nicht mehr deutlich erkennbar ist und die Fügung zu einer neuen Präposition oder einem Adverb geworden ist *(z. B. inmitten).* ***Wo Wortart oder Bedeutung der einzelnen Bestandteile deutlich erkennbar sind, musst du getrennt schreiben*** *(z. B. zu Ende, zu Fuß, unter der Hand).* ***Viele häufig gebrauchte Verbindungen aus Präpositionen und Nomen kannst du zusammen- oder getrennt schreiben.***

Beispiel:

anstelle/an Stelle
aufseiten/auf Seiten
aufgrund/auf Grund
imstande/im Stande
infrage/in Frage
mithilfe/mit Hilfe
vonseiten/von Seiten
zugrunde/zu Grunde
zugunsten/zu Gunsten
zuleide/zu Leide
zutage/zu Tage
zuwege/zu Wege

A 16 Entscheide, ob die in der Klammer stehenden Wörter zusammen- oder getrennt geschrieben werden. Falls du unsicher bist, kannst du in einem Wörterbuch nachsehen.

1. .... ***(an/Fasching)*** sollte man wenigstens eine Pappnase tragen, ... ***(an/Statt)*** Trübsal zu blasen.

2. Dem Schriftsteller .... ***(zu/Folge)*** grenzte die Aussage seines Kritikers .... ***(an/Schwachsinn).***

3. Sie geht .... ***(in/Folge)*** ihrer guten Leistungen aufs Gymnasium.

4. .... ***(im/Grund)*** hatte sie Recht, aber ihm .... ***(zu/Liebe)*** gab sie nach.

5. .... ***(zur/Zeit)*** komme ich einfach nicht .... ***(zur/Ruhe).***

17 Bilde mit den vorgegebenen Wortteilen und den Präpositionen „an“, „auf“, „mit“, „zu“ oder „in“ neue Präpositionen und schreibe sie in das unten stehende Feld. Wo du getrennt schreiben kannst, unterstreiche mit Grün.

-hand, -frage, -tage, -stelle, -grund, -teil, -wege,
-hilfe, -hauf, -mitten, -leide, -seiten, -gunsten

Die Macht der Flammen

Feuer faszinierte die Menschen schon immer. Aber infolge seiner zerstörerischen Kraft wirkt es auch abschreckend.* Einem Gerücht zufolge soll der römische Kaiser Nero Rom angezündet haben. Anstatt sich vor dem Feuersturm zu fürchten, soll Nero beim Anblick des Flammenmeeres ein Lied gesungen haben.*

Feuer verkörpert sowohl das Gute als auch das Böse. Dem Menschen wird durch das Feuer Wärme zuteil, aber er kann daran auch zugrunde gehen.* Im Christentum kann das Feuer eine Strafe Gottes sein, aber Gott verwandelte sich auch dem Volk Israel zuliebe in eine Feuersäule, um ihm beim Auszug aus Ägypten voranzuschreiten.*

Die griechische Mythologie hat ihre eigene Geschichte, wie das Feuer auf die Erde kam. Prometheus brachte es zustande, den Göttern das Feuer zu entwenden und den Menschen zu bringen.* Damit stellte er die göttliche Allmacht infrage. Aufgrund dieses Diebstahls wurde Prometheus hart bestraft und an einen Felsen im Kaukasus gekettet.* An jedem Tag kam ein Adler, der ihm die Leber aus dem Leib riss, die nachts wieder nachwuchs. *(169 Wörter)*

Siebenmal schleichen sollte reichen.

Gleich und ähnlich klingende Laute

Wortverlängerung als Hilfsmittel

***Im Auslaut kann man die Verschlusslaute b-d-g und p-t-k oft nicht unterscheiden** (z.B. Rad – Rat). **Doch durch die Verlängerung des Wortes wird der Unterschied zwischen den stimmhaften Lauten b-d-g und den stimmlosen Lauten p-t-k hörbar. Du kannst das betreffende Wort verlängern, indem du z.B. den Plural bildest oder ein verwandtes Wort suchst, bei dem der Verschlusslaut nicht am Ende steht** (z.B. Räder – raten).*

A **1** Setze in dem folgenden Interview die fehlenden Buchstaben ein, verlängere diese Wörter und trage sie in dein Heft ein.

Herr Ndonko, Sie sind ein Soziologe aus Kamerun, der die Beziehungen der Deutschen zu ihren Hunden untersucht. Wie kamen Sie denn auf diese Idee?

Als ich zum ersten Mal nach Deutschland kam, traf mich fast der Schla_, als ein Hund, der im Auto la_, an mir vorbeifuhr. Doch ein deutscher Freun_ beruhigte mich und erklärte mir, dass das ganz normal sei und der Hund wahrscheinlich mit seinem Herrchen in Urlau_ fahre.

Gibt es denn in Kamerun keine Hunde?

Doch, auch wir haben genu_ Hunde, aber bei uns leben sie auf der Straße. Man beachtet sie weni_ und sie haben keine Namen.
Würde jemand Gel_ für einen Hund ausgeben, würde man sagen: Der ist wahnsinni_ geworden!

Sind Ihre Forschungen eigentlich schwieri_?

Am Anfan_ hatte ich Probleme, Kontakt zu den Hundebesitzern zu bekommen, um ihnen Fragen zu stellen. Ich ba_ sie um Hilfe, doch sie waren misstrauisch. Schließlich zo_ ich in ein Haus, in dem eine Familie mit Hund lebte. Diesen Hund führte ich häufi_ aus und kam so in Kontakt mit vielen Hundebesitzern. Sei_ diesem Zeitpunkt verstehe ich Hundebesitzer besser.

Und was denken Sie nun über das Verhältnis der Deutschen zu ihren Vierbeinern?

Bis zu einem gewissen Gra_ füll_ der Hund eine Lücke zwischen den Menschen. Denn oft kommen die Menschen nur durch ihre Hunde ins Gespräch. Erst dann entsteht ein Ban_ der Freundschaft zwischen ihnen.

Was haben Sie denn mit den Ergebnissen Ihrer Studie vor?

Ich plane eine Fotoausstellung in Kamerun. Meine Landsleute halten die Deutschen eigentlich für ein ernsthaftes Vol_. Sie würden ohne Fotos niemals glauben, dass man in Deutschland für seinen Hund kocht, ihn zum Friseur bringt oder ihm ein eigenes Gra_ auf einem Hundefriedhof anlegt.

2 Lass dir das folgende Diktat vorlesen. Nachdem du das Diktat geschrieben hast, soll dein Partner dir nochmals die markierten Wörter diktieren und du musst diese vierzehn Wörter verlängern.

1. .... 2. .... 3. .... 4. ....

5. .... 6. .... 7. .... 8. ....

9. .... 10. .... 11. .... 12. ....

13. .... 14. ....

Der lange Weg zum **Erfolg** (1)

Der **Lebensweg** (2) der schottischen Kinderbuchautorin Joanne K. Rowling hört sich an wie ein Märchen. Als sie ihr erstes Buch schrieb, hatte die junge Frau kaum Geld. Die Wohnung war im Winter so **kalt** (3), dass sie mit ihrem **Kind** (4) durch die Straßen lief, um sich durch Bewegung aufzuwärmen. Nachdem sie ihren ersten Roman geschrieben hatte, hörte ihr Leid noch nicht auf. Neun Verleger fanden kein **Lob** (5) für das Manuskript. Doch die Autorin **gab** (6) nicht auf und der zehnte **Verlag** (7) nahm ihr Buch an.

Heute sind ihre Bücher bereits in mehr als 20 Sprachen übersetzt. Harry Potter heißt ihr **Held** (8). Seine Kindheit ist **hart** (9). Denn er ist ein Waisenkind und muss erkennen, dass viele Menschen nicht sehr **klug** (10) sind und meistens dumme Regeln brauchen, um einen **Halt** (11) zu haben. Harry entkommt dieser **Welt** (12) mit einem **Schlag** (13), als er entdeckt, dass er Zauberer ist. Dadurch öffnet sich ihm eine andere Welt. Doch auch dort muss Harry darauf achten, wer Freund oder **Feind** (14) ist. *(166 Wörter)*

e/ä und eu/äu

Schau dir die folgenden Beispiele an und merke dir die unten stehende Regel!

er/sie f**ä**ngt ← → f**a**ngen	erkl**ä**ren ← → kl**a**r
sich h**äu**ten ← → H**au**t	er/sie st**e**llt ← → st**e**llen
gl**äu**big ← → gl**au**ben	**ä**ngstlich ← → **A**ngst
fr**eu**ndlich ← → Fr**eu**nd	H**äu**ser ← → H**au**s

Im Deutschen kann man die Aussprache von e oder ä und eu oder äu kaum unterscheiden.
Aber die folgenden Regeln helfen meistens:

1. ***Mit ä schreibe ich ein Wort, wenn ich ein anderes Wort mit a ableiten kann.***
2. ***Mit äu schreibe ich ein Wort, wenn ich ein anderes Wort mit au ableiten kann.***
3. ***Die meisten anderen Wörter schreibe ich mit e oder eu.***

Achtung! Leider helfen dir bei ein paar Wörtern wie Geländer, Bär, sägen, Säule, Knäuel oder sich räuspern keine Ableitungen. Die musst du dir einfach merken!

A 3 Setze entweder *e, ä, eu* oder *äu* ein und leite von den Wörtern mit *ä* oder *äu* ein verwandtes Wort mit *a* oder *au* ab.

St__mme	verg__den	H__ser	G__ste	t__er
r__chen	S__gling	ents__tzlich	L__nder	H__ptling
g__stern	Kr__ter	B__me	B__te	
aufw__ndig	ausr__chern	erfr__lich	kr__ftig	

abgeleitete Wörter mit **a**	abgeleitete Wörter mit **au**

Die Tugend der Verschwendung

Alle reden vom Sparen. Fast schon als Säugling bekommt man eingebläut, dass es eine Schande ist, Geld zu vergeuden. Doch nicht überall wurden die Reichtümer so ängstlich gehortet. Die Indianerstämme an Nordamerikas Westküste hatten einen Brauch, bei dem es darum ging, Gäste möglichst aufwändig zu beschenken. Dieser äußerst unbescheidene Brauch heißt Potlatch.

„Unser Häuptling beschämt die Leute, indem er sie überschwänglich beschenkt", erklärte 1925 ein Indianer einem Forscher. Je teurer die Gäste beschenkt wurden, desto kräftiger stieg das Ansehen. Gegeben wurde nicht in der Erwartung, etwas zurückzubekommen. Im Gegenteil: Gerade wenn es den Gästen nicht gelang, den Potlatch zu erwidern, galt er als erfolgreich.

Für diese Anlässe wurden häufig besondere Häuser gebaut. Ein beschenkter Häuptling versuchte, sich seinerseits mit noch prächtigeren Geschenken zu rächen. Man ging sogar so weit, ausgewählte Kostbarkeiten vor den Augen der Gäste zu vernichten. In unserer Kultur dagegen schlägt Künstlern, die Geld verbrennen oder von einem Hochhaus werfen wollen, nur ungläubiges Staunen oder sogar unbändige Verärgerung entgegen. *(165 Wörter)*

ent- und end-

Es gibt einige Wörter mit den Vorsilben ent und end.
Der Unterschied zwischen den beiden Vorsilben ist nicht zu hören. Aber es hilft dir, wenn du darüber nachdenkst, ob die Bedeutung des jeweiligen Wortes etwas mit „Ende" zu tun hat. Denn dann schreibt man es mit der Vorsilbe end. Wörter mit der Vorsilbe ent haben inhaltlich oft mit „wegnehmen", „weggeben" oder „loswerden" zu tun.

A 4 Finde die gesuchten Wörter mit *ent/Ent* oder *end/End!*

die letzte Haltestelle einer Straßenbahn ....

wegschaffen, wegräumen ....

ewig, unaufhörlich ....

unabänderlich, unwiderruflich ....

kündigen ....

alle Waffen abgeben ....

A 5 Verbinde die jeweils passende Vorsilbe mit den Wortteilen durch Linien und sortiere sie in die Tabelle!

ent/Ent

end/End

- o *täuschen*
- o *lich*
- o *ergebnis*
- o *spannt*
- o *gelt*
- o *scheidung*
- o *spurt*
- o *silbe*
- o *gegen*
- o *zündung*

Wörter mit **ent/Ent**	abgeleitete Wörter mit **end/End**

Entdeckungsreisen

Die Welt von heute ist klein geworden. Entfernungen stellen keine entmutigenden Hindernisse mehr dar.* Aber das war nicht immer so. Früher schien die Welt unendlich groß zu sein und voll von entsetzlich fremden Ländern und Menschen.* Trotzdem entschieden sich Menschen schon immer dafür, zu reisen und die Welt zu enträtseln.* Besonders bekannt sind die Entdecker der frühen Neuzeit. So erreichte 1498 ein portugiesisches Schiff unter Kapitän Vasco da Gama nach beinahe endloser Fahrt Indien auf dem Seeweg.* Bereits 1492 hatte der berühmte Christoph Kolumbus dies versucht, stattdessen aber eine der Bahama-Inseln entdeckt. Das war nicht die Endstation seiner Reise, er erreichte noch Kuba und Haiti.* Auf seiner dritten Reise von 1493–96 betrat er schließlich den südamerikanischen Kontinent.*
Wie enttäuscht wäre er gewesen, wenn er gewusst hätte, dass er auf seiner vierten Reise Mittelamerika betrat. Denn er wollte eigentlich immer einen Seeweg nach Indien finden.* Das Endergebnis der europäischen Lust am Entdecken war allerdings die entmündigende und entwürdigende Unterdrückung der Ureinwohner.
(163 Wörter)

Achtmal schleichen sollte reichen.

wieder und wider

Die beiden Wörter wieder und wider klingen gleich.
Besonders oft kommen sie in zusammengesetzten Wörtern vor *(z.B. wiederholen, widersprechen).*
Es hilft dir, wenn du auf den Inhalt der Wörter achtest. Denn Wörter mit der Vorsilbe wieder haben mit „erneut", „noch einmal" zu tun.
Wörter mit der Vorsilbe wider haben etwas mit „gegen", „zurück" zu tun.

A 6 Bilde Wörter mit *Wieder/wieder* oder *Wider/wider*.

Wieder/wieder ← → Wider/wider

-legen, -verwertung, -kommen, -sacher, -hall, -herstellen, -spenstig, -aufbau, -spruch, -geben, -rede, -wahl

A 7 Setze in den folgenden Text *Wieder/wieder* oder *Wider/wider* ein.

Johanna und Ben sind in Berlin und schlendern durch die Stadt. Johanna ist in Frankfurt am Main, in Westdeutschland aufgewachsen, Ben hat die ersten Jahre seines Lebens in Frankfurt an der Oder, in der ehemaligen DDR verbracht. Unterwegs diskutieren sie über Berlin und Deutschland nach der ....vereinigung.

Johanna: Ist Berlin nicht eine tolle Stadt? Hier spiegelt sich die deutsche Geschichte an jeder Ecke .... und überall kann man etwas Berühmtes ....erkennen, zum Beispiel das Brandenburger Tor.

Ben: Ja, es ist wirklich toll hier und einfach unglaublich, was seit der Wende alles geschehen ist und wie interessant die Stadt geworden ist. Ich kann mir gar nicht vorstellen, dass es zwischenzeitlich so viel ....stand gegen

Baumaßnahmen wie den ....aufbau des Berliner Schlosses und den Umzug der Regierung gegeben hat.

Johanna: Nun ja, das ist ein ....kehrendes Problem, immerhin haben die Baumaßnahmen wirklich eine Menge gekostet. Aber wie man sieht, hat sich der Aufwand doch gelohnt. Man hat historisch wertvolle Bauwerke schön renoviert und so etwas ist wichtig. Manche Leute sind nur ein bisschen ....willig, dies einzusehen. Das Einzige, das mir an Berlin nicht gefällt, ist der Alexanderplatz.

Ben: Da muss ich dir aber ....sprechen. Ich mag die Atmosphäre dort, es ist total lebendig. Mir ....rum ....strebt der neue Potsdamer Platz. Der ist mir zu futuristisch.

Johanna: Ich finde die neuen Häuser dort schon beeindruckend – und immerhin ist da jetzt nicht mehr die größte Baustelle der Welt.

Ben: Das ist eben das Tolle an Berlin: Für jeden Geschmack ist etwas dabei! Und wem es überhaupt nicht gefällt, der findet im ....vereinigten Deutschland viele andere schöne Dinge, die man besichtigen kann.

Das königliche Spiel

Schach ist ein uraltes Spiel und übt auf einige Menschen einen unwiderstehlichen Reiz aus. Im Schach gibt es so viele Möglichkeiten, dass nicht einmal ein Computer sie alle wiedergeben kann. Manche Stellungen tauchen zwar immer wieder auf, doch schon nach zehn Zügen können viel mehr Stellungen entstanden sein, als Menschen auf der Erde leben. Der größte Widersacher des Schachspielers sind also die unzähligen Möglichkeiten. Ein etwas widersinniges indisches Sprichwort heißt: Schach ist ein See, in dem eine Mücke baden und ein Elefant ertrinken kann.
Beim Schachspiel ist es wichtig, die zentralen Felder zu erobern, weil dort die Schlagkraft der Figuren am größten ist. Wiederholung und stetiges Üben machen im Schach den Meister. Widersprüchlich ist die Einschätzung des Schachspiels. Für manche ist es ein Sport, für andere eine Wissenschaft und für wieder andere eine Kunst.
Seit 1970 wird die Spielstärke eines Spielers in einem Punktesystem wiedergegeben. Das stieß allerdings auch auf Widerstand. Ein Großmeister klagte widerwillig: „Früher spielte ich gegen Menschen, heute gegen Zahlen!" *(166 Wörter)*

Tod und tot

A 8 Sortiere die folgenden Wörter in die unten stehende Tabelle.

todlangweilig, totkriegen, todkrank, todsicher, totlaufen, totsagen, totgeärgert, todunglücklich

Verben/Partizipien	Adjektive

In zusammengesetzten Wörtern, die Tod oder tot enthalten, hört sich das „d“ bzw. „t“ gleich an.
Dennoch gibt es Regeln, die dir helfen:

1. *Zusammengesetzte Verben und davon abgeleitete Partizipien werden meist mit tot gebildet.*
2. *Zusammengesetzte Adjektive werden meist mit tod gebildet.*

A 9 Setze den passenden Buchstaben ein. Noch ein Tipp: Bei manchen Nomen hilft es, wenn du ein verwandtes Verb suchst.

1. Nachdem er sich fast to_t_ gearbeitet hatte, fiel er to_d_ müde ins Bett.
2. Er mag seine Frisur ja für to_t_ schick halten, aber in Wirklichkeit ist sie zum To_t_ lachen!

3. Der Angeklagte erhielt eine langjährige Haftstrafe wegen To_t_schlags.

4. Ihm war to_d_elend, als er das to_t_gefahrene Reh sah.

5. Er sah to_d_ernst aus, als er den To_t_geglaubten wiedersah.

6. Sie war to_d_traurig, weil sie das Gefühl hatte, dass zu viel to_t_geschwiegen wird.

Die vielen Gesichter des Todes

Der Tod hat nicht immer und überall die gleiche Bedeutung. Früher starben die Todgeweihten zu Hause im Kreis von Verwandten und Freunden. So wurde der Todkranke ständig betreut und sogar nach seinem Ableben gab es bis zur Beerdigung die Totenwache. Zwar waren die Angehörigen todtraurig, doch der Umgang mit dem Tod folgte festen Regeln.
Seit dem 20. Jahrhundert wird der Tod mehr und mehr aus dem Leben verbannt und totgeschwiegen. Der Todeskampf findet heute in Krankenhäusern statt und die Zeit wird totgeschlagen, indem man dem Todeskandidaten vortäuscht, dass der Tod heilbar und nicht todsicher sei. In allen Religionen spielt der Tod eine wichtige Rolle. Im Christentum bedeutet der Tod Erlösung von den Sünden. Der Hinduismus betrachtet das Leben und den Tod als Kreislauf, der sich erst totläuft, wenn der Mensch diesen Zirkel der Wiedergeburten verlässt. Der Buddhismus nennt die Auflösung des Ichs den „großen Tod"; für die Toten sind dann die Grenzen zwischen dem Ich und der Welt aufgehoben. Todesangst und Todesmut sind also Antriebsfedern jeder Kultur und nicht totzukriegen. *(175 Wörter)*

Stadt und statt

Die beiden Wörter Stadt und statt klingen gleich. Bei zusammengesetzten Wörtern mit Stadt oder statt kommt es darauf an, dass du die jeweilige Bedeutung unterscheidest. Zusammengesetzte Wörter mit Stadt- haben immer etwas mit der Bedeutung Stadt = größerer Ort zu tun (z. B. Stadtzentrum). Bei Wörtern mit statt- hilft es dir meistens, wenn du darauf achtest, ob sie etwas mit der Bedeutung Statt = Platz, Stelle zu tun haben (z. B. stattfinden). Für die Pluralformen gilt natürlich dasselbe (z. B. Städtetag oder Gaststätte).

A 10 Bilde mit den folgenden Wortteilen zusammengesetzte Wörter mit *Stadt/stadt* oder *Statt/statt* und sortiere sie in die Tabelle. Achtung: Manchmal musst du die Pluralform verwenden!

-bezirk *Ruhe-* *-dessen* *Vor-* *Rast-*

Industrie- *Groß-* *-haben* *-geben* *-partnerschaft*

-haft *-teil* *-bibliothek* *Arbeits-* *Brand-* *-bau*

Stadt/stadt	Statt/statt

11 Welcher Wortteil passt in den folgenden Sätzen:
Stadt/stadt oder *Statt/statt?*

1. In Berlin entsteht nach der Wiedervereinigung ein neues Zentrum, die ....planung läuft auf Hochtouren.
2. Der alte Unternehmer dachte daran, in Pension zu gehen. Deshalb suchte er einen ....halter.
3. Die Musikgruppe war so berühmt, dass sie zum ....gespräch wurde. Leider konnte das Konzert aber nicht ....finden, weil der Sänger krank wurde.
4. An................ ins Kino ging er in das ....theater.
5. Das ....archiv befindet sich in der Alt................ .

Ein Leben im Glashaus

In der chilenischen Hauptstadt Santiago de Chile wurde eine junge Schauspielerin berühmt, weil sie in einem gläsernen Haus im Stadtzentrum wohnt.* Die junge Frau ist mittlerweile stadtbekannt. Schon am Morgen versammeln sich applaudierende Männer und zornige Ehefrauen aus allen Stadtteilen vor dem Haus, um der Frau beim Duschen und Frühstücken zuzusehen.* Dann geht die Frau zu ihrer Arbeitsstätte, um am Abend wieder in ihr stattliches, aber absolut öffentliches Haus zurückzukehren.*
Es handelt sich dabei um eine künstlerische Aktion, die zum Teil die Stadtverwaltung finanziert und die sogar mit dem Segen des Staatspräsidenten stattfindet.* Dass dieser Aktion stattgegeben wurde, ist für das eher prüde Chile sehr ungewöhnlich. Die Künstler wollen die Menschen mit ihrem Projekt zum Nachdenken über die Grenzen zwischen öffentlichem und Privatleben bringen.*
Die Bevölkerung der Großstadt reagiert sehr unterschiedlich. Manche finden die Idee genial.* Andere erklären die Aktion stattdessen für nicht statthaft und empfehlen, die junge Frau in die psychiatrische Abteilung des Stadtkrankenhauses einzuweisen. *(160 Wörter)*

Siebenmal schleichen sollte reichen

das und dass

A 12 In welchen Sätzen kannst du *das* bzw. *dass* durch „dieses“ oder „welches“ ersetzen? Schreibe die Sätze, die sich umformen lassen, in dein Heft.

1. Das Haus ist so groß, *dass* man sich darin verirren kann.
2. Sie ist das schönste Mädchen, *das* ich jemals gesehen habe!
3. Er glaubte, *dass* er sich herausreden könne.
4. In dem Buch, *das* er sich kaufte, standen viele nützliche Dinge.
5. Sie war so groß, *dass* sie sich oft den Kopf anstieß.
6. Nicht jedes Rindvieh, *das* auf Erden wandelt, hat vier Beine!

Die Schreibung von das oder dass hängt von der grammatischen Bedeutung dieser Wörter ab:

1. ***Das schreibt man, wenn es sich um einen unbestimmten Artikel oder ein Pronomen handelt. Falls dir das zu abstrakt ist, kannst du dir es auch so merken: das schreibt man, wenn man „dieses“ oder „welches“ einsetzen kann!***
2. ***Dass schreibt man, wenn es sich um eine Konjunktion handelt.***

A 13 Integriere die Verben in die daneben stehenden Sätze entweder als Relativsatz mit dem Relativpronomen *das* oder als Nebensatz mit der Konjunktion *dass!*

Beispiel: *behaupten* – Er hat bezahlt.

Er behauptet, dass er bezahlt habe.

1. *leer stehen* – Das Nachbarhaus wird von Gespenstern bewohnt.

___

2. *hoffen* – Sein Freund wird bald zurückkommen.

___

3. *wissen* – Er wird zu spät kommen.

___

4. *suchen* – Er hat das Buch noch nicht gefunden.

5. *reparieren* – Ich habe ihm sein Fahrrad zurückgegeben.

Das Leben – ein Traum?

Dass das menschliche Innenleben eine komplizierte Angelegenheit ist, wusste man zwar schon lange, doch erst der österreichische Arzt Sigmund Freud systematisierte das Ganze. Seine Lehre der Psychoanalyse sorgte dafür, dass er berühmt-berüchtigt wurde.
Freud teilte die menschliche Psyche in drei Teile. Das nach dem Lustprinzip arbeitende Reich unserer Triebe nannte er das Es. Das Ich ist der an die Realität gebundene Teil der Psyche. Schließlich ist das Über-Ich dafür verantwortlich, dass das Ich nicht nur das tut, wozu das Es Lust hat. Das Über-Ich ist die moralische Instanz und also das Element der Psyche, das dem Ich ein schlechtes Gewissen bereitet.
Dem Ich wird das Leben noch dadurch erschwert, dass ihm nur ein Teil bewusst ist. Freud erforschte das, was unter der Oberfläche des Bewusstseins brodelt. Ganz schwer zugänglich fand er das Unbewusste, das wir zu verdrängen versuchen, weil es uns unangenehm ist. Deshalb erforschte er auch die Träume seiner Patienten, denn in ihnen sucht das Unbewusste den Weg zum Bewusstsein. *(165 Wörter)*

Gemischte Übungen

A 14 Finde die passenden Wörter! Die markierten Felder ergeben ein Lösungswort, und zwar ein Synonym für „beschließen", „entschließen".

sehr ernst
furchtsam, schreckhaft
geschehen
Gegner
schließlich, zuletzt; vergänglich
um Verzeihung bitten
noch einmal machen
abscheulich
Innenstadt
Gegenteil von billig
kreisförmig

A 15 In dem Buchstabenrechteck sind überall dort Wörter versteckt, wo ein Kästchen frei ist (in waagerechter und senkrechter Richtung). Trage die fehlenden Buchstaben in die freien Kästchen, umrahme die gefundenen Wörter mit Farbstiften und schreibe sie in das Feld auf der nächsten Seite!

T	E	N		L	A	N	G	B	G	G	U	H	M	T
U	E	R	G	W	I		D	E	R	S	E	H	E	N
E	N		R	I	N	N	E	N	A	T	T	O	L	W
N		E	N		L	I	C	H	H	A	L	N	E	
	S	E	T		U	E	R	W			E	R	N	D
U	T	A	F	R	L	S	T	A		T	R	A	T	E
N	A	U	F	W		N	D	I	G	T	L	U	T	R
G	T	E	K	I	N		W	I	N	E	A			R
A	I	L	E	L	D	M	Ü	D	L	I	H	K	U	U
D	O	L	Z	L	E	M	E	N		L	O	S	S	F
E	N	A	B	I	R	E	S		U	L	E	G	C	E
K	L	U	N	G	E	F		H	R	L	I	C	H	N
B	L		U	L	I	C	H	A	N	S	T	A		T

Abenteuergeschichten

Das 1884/85 erschienene Jugendbuch „Huckleberry Finns Abenteuer“ des amerikanischen Schriftstellers Mark Twain handelt vom todesmutigen und lebensfrohen Jugendlichen Huckleberry Finn, der sich zusammen mit dem entflohenen Sklaven Jim auf eine aufregende Flussreise begibt. Der manchmal etwas widerspenstige, aber sympathische Lausejunge wächst allein in der Gosse auf, doch plötzlich taucht Hucks gemeiner Vater auf und entführt den Jungen. Um dem abscheulichen Mann zu entkommen, täuscht Huck seinen eigenen Tod vor und flieht mit Jim auf den Mississippi, um nicht entdeckt zu werden. Hier lernen sie das Leben in allen Ausprägungen kennen und müssen häufig die verrücktesten Abenteuer bestehen.
Zu Lebzeiten Mark Twains war die Stellung von Afroamerikanern wie Jim in Amerika sehr schlecht. Selten wurde ihren Belangen stattgegeben, und das Thema der Sklaverei wurde widersprüchlich diskutiert, obwohl Sklavenhaltung seit dem Ende des Bürgerkrieges 1865 endgültig abgeschafft war. In seinem Buch, das zeitlich ein wenig früher spielt, übt Mark Twain Kritik an der Gesellschaft. Entsprechend wird Huck schnell klar, dass Sklavenhaltung gräulich und ungerecht ist. Auf seine Weise widersetzt er sich immer wieder und kämpft für seinen Freund Jim.

(177 Wörter)

Allgemeiner Übungsteil

1

Vorlesen des gesamten Textes	→ Möglichkeit, den Text kennen zu lernen
Vorlesen eines Satzes	→ Kennenlernen des ganzen Satzes, um auch seine grammatische Struktur zu verstehen
Diktieren dieses Satzes in Teilabschnitten	→ Gelegenheit, den Text in überschaubaren Abschnitten zu schreiben
Wiederholung von Schritt 2 und 3 durch den ganzen Text	→ Schreiben des ganzen Textes
nochmaliges Vorlesen des gesamten Textes	→ Gelegenheit zu überprüfen, ob man alle Wörter richtig verstanden und aufgeschrieben hat
Zeit zum Kontrollieren und Verbessern	→ Möglichkeit, die richtige Schreibung nochmals in Ruhe zu bedenken

2 Folgende Tipps sind falsch:
- ☒ Sichtschutz bauen, damit der Nachbar nicht abgucken kann.
- ☒ Schauen, ob der Nachbar auch alles so geschrieben hat wie man selbst.
- ☒ Bloß schnell abgeben, damit man Richtiges nicht doch noch falsch schreibt.

3 **Porzellan**

Porzellan stammt ursprünglich aus China. In Europa kam man erst zu Beginn des 18. Jahrhunderts hinter das Geheimnis der Porzellanherstellung. Nach und nach entstanden Porzellanmanufakturen, die Geschirr und Figuren aus diesem Material herstellten. Lange Zeit blieb es aber trotzdem sehr teuer, da es von Hand bemalt wurde. Künstlerisch hochwertiges und handbemaltes Porzellan kostet auch heute noch sehr viel Geld. Während die meisten Porzellanhersteller deshalb dazu übergegangen sind, das Dekor mittels Abziehfolien auf das Geschirr zu bringen und einzubrennen, gibt es andererseits noch Betriebe, in denen jeder Teller anders aussieht, weil er per Hand verziert wurde. Ein berühmtes Service heißt „Flora Danica". Es besteht aus 700 Teilen und auf jedem Teil ist eine andere Blume oder Pflanze abgebildet. Die Vorlagen für die Bilder stammen aus einer achtzehnbändigen Sammlung von Stichen, die alle Pflanzen enthält, die man bis 1883 im dänischen Reich entdeckt hatte. Selbstverständlich hat solch ein außergewöhnliches Geschirr auch einen außergewöhnlichen Preis. Dennoch gehen in der Porzellanmanufaktur in Kopenhagen genügend Bestellungen ein.

4 **Die Gründung des Roten Kreuzes**

Die Idee zur Gründung des Roten Kreuzes entstand auf den Kriegsschauplätzen Oberitaliens. Der Genfer Bankier und Schriftsteller Henri Dunant erlebte als Journalist persönlich die furchtbare Lage der Verwundeten nach der Schlacht von Solferino und verfasste darüber einen erschütternden Bericht.

Auf Dunants Betreiben wurde 1863 das Internationale Komitee zur Unterstützung der Verwundeten gegründet. Eine internationale Konferenz erarbeitete die am 22. August 1864 von zwölf europäischen Staaten unterzeichnete Genfer Konvention. Sie verpflichtet Krieg führende Mächte dazu, Ambulanzen, Militärkrankenhäuser und deren Personal als neutral zu behandeln und zu schützen sowie verwundete oder kranke Heeressoldaten ungeachtet ihrer Nationalität zu versorgen. In der Folgezeit wurde die Konvention auch auf Verwundete der Marine, Kriegsgefangene und Zivilisten ausgedehnt. Das Rote Kreuz war geboren.

1. Zeichensetzung

1 Unsere Crew blickt, **nachdem** wir die Erde in Schallgeschwindigkeit verlassen haben, auf unseren Heimatplaneten zurück. **Obwohl** wir uns alle freuen und stolz sind, ausgewählt worden zu sein, sind einige auch gespannt, welche Abenteuer, Rätsel und unlösbaren Aufgaben unsere Mission mit sich bringen wird. **Als** von einem unbekannten Planeten außerhalb unseres Sonnensystems die ersten Funksignale empfangen werden, wird unsere Expedition dorthin sofort vorbereitet. Die Leitung unserer Behörde stellt, **nachdem** alle Länder der Erde Vorschläge gemacht haben, ein Team zusammen. Die Leiterin unserer Expedition wird für einige Zeit zu Forschungszwecken dort bleiben, **wenn** es die Umstände erlauben. **Weil** gerade ein neuer Space-Driver entwickelt worden ist, kann sie damit dann zur nächsten Raumstation zurückfliegen. Von dort kann sie auch wichtige Instrumente anfordern, **falls** ihr Forschungsgeräte fehlen.

2 Als wir nach kurzer Zeit auf dem Planeten landeten, trat uns eine Delegation bunter Aliens entgegen. Sie begrüßten uns freundlich, obwohl sie von unserer Ankunft überrascht zu sein schienen. Wir mussten unseren Sprachdecoder bemühen, weil wir sie zuerst nicht verstehen konnten. Obwohl dieser erst einige Sprachprogramme testen musste, fand er dann doch ein passendes. Die Aliens erlaubten uns, uns frei auf dem Planeten zu bewegen. Sie betonten aber, dass wir ständig von einer Flugkamera überwacht werden würden. Falls wir Fragen hätten, sollten wir uns an den Rat wenden. Wenn wir es wünschten, würden sie uns gerne behilflich sein. Unsere Leiterin hatte, während der Anführer der Delegation sprach, sofort mit einer Röntgenkamera Aufnahmen gemacht. Als sie feststellte, dass das Gehirn der Aliens durch einen Computer ergänzt wird, war sie von dem Stand der Technik beeindruckt. Wir beschlossen, uns in mehrere Gruppen aufzuteilen, weil wir so mehr Informationen zusammentragen konnten.

3
- → *Der Karneval, der im Rheinland als fünfte Jahreszeit gilt, wird dort groß gefeiert.*
- → *An vielen Schulen werden Karnevalssitzungen oder Partys veranstaltet, die von den Schülerinnen und Schülern organisiert werden.*
- → *Für die Sitzungen, die immer unter einem besonderen Motto stehen, fällt dann auch der Unterricht aus.*
- → *Es wird natürlich auch ein Kostümwettbewerb durchgeführt, bei dem die originellsten Verkleidungen prämiert werden.*
- → *Viele, die sich sonst eher im Hintergrund halten, sind an Karneval die Stars.*
- → *Die Schülerinnen und Schüler spielen Sketche und halten Büttenreden, in denen sie den Lehrerinnen und Lehrern auf nette Art und Weise die Meinung sagen.*
- → *Besonders beim Karaoke, bei dem ungeahnte Talente entdeckt werden, sind alle begeistert.*
- → *Karnevalslieder und Hits, die gerade aktuell sind, werden natürlich von allen mitgesungen.*
- → *Manchmal führen auch die Lehrerinnen und Lehrer, die sich oft einfallsreich verkleiden, ein Lied und einen Tanz auf.*

4 Am Tag der Weiberfastnacht, den man auf Rheinisch „Wieverfastelovend“ nennt, übernehmen um 11.11 Uhr die Narren die Regierung. Dabei werden die Rathäuser, die bis Aschermittwoch in närrischer Hand bleiben, von den Jecken friedlich gestürmt. Besonders die Frauen zeigen an diesem Tag, wer eigentlich die Hosen anhat. Allen Männern, die eine Krawatte tragen, schneiden sie diese ab. Rosenmontag, an dem fast überall Karnevalsumzüge stattfinden, bleiben die Betriebe und Schulen geschlossen. Die Geschäfte, die am Zugweg liegen, werden natürlich auch nicht geöffnet. Manchmal errichten die Besitzer, die Angst um ihre Schaufenster haben, Wände aus Brettern. Die Besitzer der Kneipen, an denen der Zug vorüberzieht, freuen sich natürlich über das zusätzliche Geschäft. Sie stellen die Boxen ihrer Musikanlage, aus denen Karnevalsmusik erklingt, in die Fenster. Am Tag danach, der Veilchendienstag heißt, muss man sich dann erst einmal ausruhen. Deshalb findet auch an diesem Tag, an dem nur noch vereinzelt gefeiert wird, kein Unterricht statt. Diejenigen, die überhaupt nicht feiern wollen, nutzen die tollen Tage für einen Kurzurlaub. Sie fahren dann in Gegenden, in denen traditionell kein Karneval gefeiert wird.

5

1. *Der Kommissar erkundigt sich als Erstes, welche Gegenstände entwendet worden sind.*
2. *Sein lispelnder Assistent fragt sich, weshalb der Dieb nur einen Teil des Schmucks mitgenommen hat.*
3. *Außerdem möchte er wissen, wieso Frau Schulenberg den Schmuck in einer Schatulle im Wohnzimmer aufbewahrte.*
4. *Wie hoch die Versicherungssumme des Schmucks ist, fragt Josef Wächter direkt nach.*
5. *Wer alles von dem ungewöhnlichen Aufbewahrungsort wusste, interessiert ihn ebenfalls.*

6

Josef Wächter stellt die Frage, warum der Dieb an einem Vormittag zugeschlagen hat. Woher der Dieb wusste, dass die Gartentür offen stand, fragt sein Assistent. Auch warum Wencke, die Tochter der Familie, sich so seltsam verhält, möchte er gerne wissen. Den Kommissar interessiert, wie viel Zeit der Dieb im Haus verbracht hat. Sein Assistent wundert sich, warum der Dieb so unvorsichtig war und Fingerabdrücke hinterließ. Der Kommissar überlegt, was die Nachbarn wohl mitbekommen haben und wem der Dieb die gestohlene Ware anbieten würde. Seinen Assistenten treibt die Frage um, welcher Juwelier in der Stadt den Schmuck wohl kaufen würde.

7

Ob Christoph Kolumbus, der Entdecker Amerikas, wirklich ein großer Held war, diese Frage stellen sich heute viele Menschen.
Denn die Frage, ob die Entdeckung Amerikas nicht auch große negative Folgen hatte, bejahen heute viele Menschen.
Ob das Reich der Maya auch ohne die Eroberung durch die Europäer zerstört worden wäre, auch diese Frage ist noch nicht geklärt.
Aber ob die Menschen dort in einer primitiven oder in einer hoch entwickelten Kultur lebten, zu diesem Problem gibt es inzwischen weitreichende wissenschaftliche Erkenntnisse.

8

Vor der Vorbereitung seiner Fahrt stellt Kolumbus einem Freund in einem Brief folgende Fragen: **1.** Er fragt sich, **ob er genug Geld für die Ausrüstung der Expedition zusammenbekommt.** | **2.** **Ob es genügend erfahrene Seeleute gibt**, ist für Kolumbus eine existenzielle Frage. | **3.** Er stellt seinem Freund die Frage, **ob er glaubt, dass es Kolumbus mit einer Fahrt nach Westen wohl gelingen wird, die Länder im Osten zu erreichen.** | **4.** Er überlegt, **ob er mit dieser Fahrt viel Ehre und Ruhm erwerben kann.** | **5.** Er denkt darüber nach, **ob es ihm gelingen wird, mächtige Königreiche zu erobern.** | **6.** Es interessiert ihn auch, **ob er die Möglichkeit hat, große Mengen an Gewürzen und Edelsteinen zu kaufen.** | **7.** **Ob die Gelehrten viele neue Erkenntnisse erlangen werden**, ist für die Wissenschaft eine interessante Frage.

9 Franziska sagte, **1.** dass Timon, ihr neuer Freund, sie eingeladen hatte, sonst wäre sie bestimmt nicht hingefahren. / *Timon, ihr neuer Freund, habe sie eingeladen, sonst wäre sie bestimmt nicht hingefahren.* | **2.** dass sie mit Timons Fanklub unterwegs war. / *sie sei mit Timons Fanklub unterwegs gewesen.* | **3.** dass sie schon im Zug unheimlich viel Spaß hatten. / *schon im Zug hätten sie unheimlich viel Spaß gehabt.* | **4.** dass das Stadion ausverkauft war und dass eine tolle Stimmung herrschte. / *das Stadion sei ausverkauft gewesen und es habe eine tolle Stimmung geherrscht.* | **5.** dass auch das Spiel sehr spannend war. / *auch das Spiel sei sehr spannend gewesen.* | **6.** dass sie sich gleich zu Beginn blamiert hat. / *sie habe sich gleich zu Beginn blamiert.* | **7.** dass sie zuerst gar nicht gemerkt hat, dass das Spiel schon begonnen hatte. / *sie habe zuerst gar nicht gemerkt, dass das Spiel schon begonnen hatte.* | **8.** dass sie die Spieler plötzlich laufen sah. / *sie habe die Spieler plötzlich laufen gesehen.* | **9.** dass sie ganz überrascht war, dass der Schiedsrichter schon angepfiffen hatte. / *sie sei ganz überrascht gewesen, dass der Schiedsrichter schon angepfiffen hatte.* | **10.** dass die anderen sie mit strafenden Blicken anschauten. / *die anderen hätten sie mit strafenden Blicken angeschaut.*

10
- → Dass endlich etwas mit dem Schulhof geschehen muss, hatte die Schülervertretung schon lange gefordert.
- → Wenigstens die großen Schlaglöcher sollten aufgefüllt werden, forderten die fußballverrückten Schülerinnen und Schüler der Unterstufe.
- → Der Schulhof müsse auch weiterhin gut zu überblicken sein, verlangten die Lehrerinnen und Lehrer, die Aufsicht führen mussten.
- → Außerdem sollten Bänke und eine Tischtennisplatte aufgestellt werden, schlug der Schülerrat vor.
- → Die Schulkonferenz habe jetzt einen Wettbewerb zur Schulhofgestaltung beschlossen, verkündete der Konrektor letzten Donnerstag.

11 *Eine Jury aus Schülerinnen und Schülern, Eltern sowie Lehrerinnen und Lehrern müsse gebildet werden, schlagen die Klassensprecherinnen und Klassensprecher der siebten Klassen vor.* | *Für die drei kreativsten Vorschläge müsse jeweils ein Preis festgesetzt werden, fordert der Klassensprecher der 8 c.* | *Jede Klasse solle einen Vorschlag machen, wird beschlossen.* | *Man müsse natürlich wissen, wie viel Geld zur Verfügung stehe, erklärt die Schülersprecherin.* | *Man dürfe sich nicht von Problemen einschüchtern lassen, sagt die Klassensprecherin der 10 b.* | *Es werde bestimmt viele brauchbare Ideen geben, fügt ihr Stellvertreter unterstützend hinzu.*

12 *Im Sportkurs der 7a/b wird überlegt, welche Sportmöglichkeiten ein neuer Schulhof bieten sollte. Marcel ist davon überzeugt, dass alle ein Beachvolleyball-Feld auf dem Schulhof haben wollen. Die Möglichkeit, bei gutem Wetter in den Pausen Volleyball spielen zu können, fände sie klasse, stimmt Carina begeistert zu. Jannis gibt zu bedenken, dass man mehrere Lastwagenladungen Sand benötige. Max glaubt, dass man die Anlage sicherlich durch Turniere, für die Eintritt erhoben werde, finanzieren könne. Man könne das Feld nachmittags und abends ja auch an Vereine vermieten, schlägt Marcel geschäftstüchtig vor. Die Reinigungskräfte würden sich über den Sand in den Klassen bestimmt nicht freuen, wirft der Hausmeister, der gerade eine Steckdose repariert, ein. Dass die Forderung nach einem Beachvolleyball-Feld wohl ein bisschen übertrieben ist, meint dann auch die Lehrerin und beendet die Diskussion.*

13 → Es solle, sagte unsere Oberbürgermeisterin letztens in einer Sendung des Lokalsenders, demnächst ein Jugendparlament eingerichtet werden.
→ Denn immer wieder, erklärte unser Stadtoberhaupt dem Reporter, erreichten sie Briefe von Jugendlichen, die mehr Mitsprache für die Jugendlichen forderten.
→ In den nächsten Tagen, so versprach die Politikerin, solle an alle Schulen ein Einladungsschreiben für die Gründung eines Jugendparlaments herausgehen.
→ Sie erhoffe sich, sagte die Oberbürgermeisterin, eine große Beteiligung.

14 Auf der Gründungsversammlung des Jugendparlaments begrüßt ein Vertreter der Oberbürgermeisterin die Jugendlichen in ihrem eigenen Sitzungssaal.
1. *Zunächst einmal, sagte eine Vertreterin des Jugendamtes, solle überlegt werden, wer alles am Parlament teilnehmen dürfe.* | **2.** *Außerdem, fügte sie hinzu, solle die Dauer und die Anzahl der Sitzungen festgelegt werden.* | **3.** *Natürlich, erklärte sie abschließend, müsse auch ein Leitungsteam bestimmt werden.* | **4.** *Die Aufgabe dieses Teams, forderte Patric, solle dann auch die Vertretung des Jugendparlaments beim Stadtrat sein.* | **5.** *Um die Bedeutung des Jugendparlaments zu unterstreichen, teilte die Sozialarbeiterin mit, hätten sich Sponsoren gefunden, die pro Sitzung und Teilnehmer ein kleines Sitzungsgeld zahlten.* | **6.** *Der Stadtrat habe, berichtete sie begeistert, für die Vertreterinnen und Vertreter des Jugendparlaments extra Stühle und ein Mikrofon anschaffen lassen.* | **7.** *Endlich, erklärte Jennifer zufrieden, würden die Politiker die Jugendlichen ernst nehmen.*

15 → *In unserer Schule bemühen sich viele Lehrerinnen und Lehrer darum, die Schülerinnen und Schüler auf ihren zukünftigen Beruf vorzubereiten.*
▶ *In unserer Schule versuchen viele Lehrerinnen und Lehrer die Schülerinnen und Schüler auf ihren zukünftigen Beruf vorzubereiten.*
→ *Schon im siebten Schuljahr beginnen die einzelnen Klassen damit, sich über die Berufe der Eltern oder älteren Geschwister zu informieren.*
▶ *Schon im siebten Schuljahr beginnen die einzelnen Klassen sich über die Berufe der Eltern oder älteren Geschwister zu informieren.*
→ *Alle Mädchen und Jungen werden dazu verpflichtet, einen kurzen Aufsatz darüber zu schreiben und ihn dann vorzutragen.*
▶ *Alle Jungen und Mädchen werden verpflichtet einen kurzen Aufsatz darüber zu schreiben.*

16 Schon als kleiner Junge hatte Jules Vater gehofft irgendwann mal eine eigene kleine Gärtnerei zu besitzen. Einen eigenen Betrieb aufzubauen war für ihn sehr schwer. Deshalb war er sehr froh, als sein damaliger Chef ihn bat ihm seine Gärtnerei abzukaufen. Selbstständig zu sein und sich seine Arbeit frei einteilen zu können genießt er sehr. Gärten ganz neu zu planen und anzulegen macht ihm am meisten Spaß.

17 Viele sind nachmittags in den Fabriken, Geschäften oder Büros ihrer Eltern vorbeigegangen, um sich genau zu informieren. Einige haben sogar daran gedacht, einen Fotoapparat mitzunehmen. Sich ein richtiges Bild von den unterschiedlichen Tätigkeiten zu machen, dabei kann ein Foto vom Arbeitsplatz helfen. Fabian brauchte seine Mutter gar nicht mehr viel zu fragen. Schon oft hatte er ihr in ihrem Bioladen geholfen. Selbst wenn er etwas aus dem Lager holen musste, hatte er keine Schwierigkeiten alles zu finden. Über den Bioladen aus Sicht der Kundinnen und Kunden zu berichten, das hatte er sich vorgenommen, weil das auch für ihn eine neue und interessante Sichtweise war und weil er Freude am Fotografieren hatte. Als er am

Mittwochnachmittag mit seiner Sofortbildkamera in den Laden ging, gab es gerade die Gelegenheit, Honig zu probieren. Fabian konnte sich manchmal vor Lachen kaum halten, wenn die kleinen Kinder besonderen Spaß daran hatten, den Honig im ganzen Gesicht zu verschmieren. Für diese Szenen einen ganzen Film zu verknipsen, dazu hätte er sich fast hinreißen lassen.

18 *Fabian beginnt nun im ganzen Laden nach geeigneten Motiven zu suchen.* **Oder:** *Fabian beginnt nun damit, im ganzen Laden nach geeigneten Motiven zu suchen.* | *Fabians Mutter bittet ihn ihr die Fotos für eine Fotowand zu überlassen.* **Oder:** *Fabians Mutter bittet ihn darum, ihr die Fotos für eine Fotowand zu überlassen.* | *Angeregt durch die Schaufensterdekoration hat sich ein Kunde entschieden grünen Tee zu kaufen.* **Oder:** *Angeregt durch die Schaufensterdekoration hat sich ein Kunde dazu entschieden, grünen Tee zu kaufen.* | *Einen guten Rotwein zu finden ist bei dem großen Angebot nicht schwer.* **Oder:** *Einen guten Rotwein zu finden, das ist bei dem großen Angebot nicht schwer.* | *Die kleinen Kinder einer guten Kundin scheinen die Tomaten als Jonglierbälle entdeckt zu haben.* | *Sie beide auf ein Foto zu bekommen, dabei hat Fabian Mühe.*

19 *Die Schülervertretung hatte überlegt(,) vor den Osterferien eine Projektwoche zu veranstalten. Eine kleine Arbeitsgruppe kümmerte sich darum, möglichst viele gute Ideen zu sammeln. Für alle Schülerinnen und Schüler ein geeignetes Projekt zu finden, das war das Allerschwerste. Auch geeignete Projektleiterinnen und -leiter zu finden(,) war nicht ganz leicht. Deshalb waren alle froh darüber, dass sich eine pensionierte Lehrerin bereit erklärte(,) bei der Organisation der Projekttage zu helfen.*

20 Als uns unsere Lehrerin das Thema unserer Projekttage – ZUKUNFT – nannte, begannen viele **kritisch und verständnislos in die Gesichter der anderen zu blicken.** Die meisten schienen **mit diesem Thema überhaupt nichts anfangen zu können.** Bei dem Gedanken daran, **sich drei Tage mit diesem Thema beschäftigen zu müssen,** wandten sie sich gelangweilt ab. Einzelne begannen **ein anderes Thema zu fordern.** Schließlich habe niemand vor **als Philosoph Karriere zu machen.** Andere aber sagten, dass es doch sehr interessant sein könne, **sich mal Gedanken über die eigene Zukunft und die Zukunft der Welt zu machen.** Außerdem sei es im Vergleich zum normalen Unterricht doch viel besser, **mal an fächer- und klassenübergreifenden Projekten zu arbeiten.** Am Ende der Projekttage konnte sich dann auch fast niemand mehr daran erinnern, **jemals kritische Worte von sich gegeben zu haben.**

21 Als meine Oma gestern zu Besuch kam, erzählte sie ganz aufgeregt: „Gerade wäre ich fast von jemandem mit diesen neumodischen Rollschuhen umgefahren worden." „Diese Leute", stellte mein Bruder Jannis gleich richtig, „nennt man Skater, Oma." Meine Oma, der diese englischen Begriffe immer ein Rätsel bleiben werden, berichtete, dass sie aus einem Laden gekommen sei und gerade noch rechtzeitig stehen bleiben konnte. Der Fahrtwind der vorbeirasenden jungen Frau, beschrieb meine Oma anschaulich, sei noch an ihrem Gesicht vorbeigezogen. Ob es nicht eigene Plätze für diesen Sport gäbe, erkundigte sich meine Oma. Weil es in unserer Stadt eine Briefaktion an die Vorsitzenden der einzelnen Stadtteile gegeben hat, sollen nun in jedem Bezirk Skaterbahnen gebaut werden. Wenn geeignete Plätze, die von der Stadt schnell gekauft werden können, gefunden worden sind, wird sofort mit dem Bau begonnen. Die einzelnen Sportvereine bieten dort Kurse an, um die Grundregeln des Skatens zu erlernen. Besondere Figuren in der Halfpipe einzustudieren(,) ist für die Fortgeschrittenen natürlich auch möglich.

22 *Nachdem wir Kinder schon vor einiger Zeit Inlineskater bekommen haben, wollen jetzt auch unsere Eltern das Skaten erlernen. „Beim Kauf der Skates lassen wir uns wohl am besten in einem Fachgeschäft beraten", meinte meine Mutter. „Haben unsere Kinder nicht mindestens genauso viel Erfahrung wie ein Verkäufer?", fragte mein Vater, der seinen Kindern immer viel zutraute. Weil wir alle gern mit in die Stadt wollten, nickten wir hilfsbereit. Wenn meine Eltern sich über die besten Rollen und Kugellager informieren wollten, so sei sie die geeignete Fachfrau, behauptete Anna. Und beim Kauf gut aussehender Kleidung, die natürlich auch nicht zu teuer sein dürfe, und eines geeigneten Helms, erklärte Julia, sei sie die richtige Beraterin. Ich gab sofort unumwunden zu, dass ich dringend neues Zubehör benötigte. Obwohl wir ja am Samstag gerne zusammen in die Stadt fahren wollten, konnten wir uns nur schwer auf einen Zeitpunkt einigen. Meine Eltern wollten am liebsten früh losfahren, um nicht im Gedrängel einkaufen zu müssen. Und um richtig ausschlafen zu können, wollten wir lieber erst nach dem Mittagessen fahren.*

2. Groß- und Kleinschreibung

1 **1.** Der Ball rollte ins Abseits. | **2.** Mutter ließ uns ohne großes Wenn und Aber fahren. | **3.** Das Auf und Ab des Lebens ist unberechenbar. | **4.** Die Leihgebühr ist im Voraus zu zahlen. | **5.** Jana bestand den Test mit Ach und Krach. | **6.** Schon in der zweiten Runde kam das Aus für den Boxer.

2 **1.** Der Tiger lief im Käfig unruhig auf und ab. | **2.** Ich lebe im Hier und Jetzt. | **3.** Er kannte kein Nein, sodass er alles durchsetzte. | **4.** An dieser Kreuzung geht es nicht zurück. | **5.** Das Auf und Nieder des Zweiges irritierte sie. | **6.** Mit lautem Au fuhr er zusammen. | **7.** Aus der letzten Reihe war ein zögerndes Aber zu hören.

3 die Kieler Woche | der Kölner Dom | das Münchner Oktoberfest | das Brandenburger Tor | das Lübecker Marzipan | der Potsdamer Platz | die Leipziger Messe | der Berliner Bär

4 italienische Pizza | französischer Käse | deutsches Bier | die englische Queen | die amerikanische Freiheitsstatue | die schwedischen Elche

5 das Aachener Münster | die Thüringer Bratwurst | der brasilianische Kaffee | der Dresdner Stollen | der Moskauer Kreml | der afrikanische Urwald | der niedersächsische Landtag | die Frankfurter Börse | die kanadischen Wälder | das englische Wetter

6
1. Wir mussten vier große Runden laufen.
2. Wir zwei wissen, worum es geht.
3. Um zum Schwimmbad zu kommen, musst du die Sechs nehmen.
4. Zum Skat braucht man drei Spieler.
5. Früher galt die Dreizehn als Unglückszahl.
6. Meine Oma ist schon über neunzig.
7. Wie spät ist es? Gleich zwölf.
8. Im Sport ist er wirklich keine Null.
9. Sie strömten zu Tausenden ins Stadion.

7
1. Sie kam als Zweite ins Ziel | als zweite Läuferin ins Ziel.
2. Das ist das erste Wort | das Erste, das ich höre.
3. Uns fehlt der Vierte | der vierte Spieler zum Quartett.

8
1. Das Rot deiner Haare sieht aus wie bei Pumuckl.
2. Bei Grün darf man über die Ampel gehen.
3. Ich habe meine Jeans pink gefärbt.
4. Meine Schwester trägt am liebsten Schwarz.
5. Wir haben das Zimmer in Violett getüncht.
6. Zu diesem Orange passt eher ein grüner Rock.

9
1. Dein **F**ranzösisch ist fast akzentfrei.
2. Janes spricht fließend **P/p**ortugiesisch.
3. Meine Großmutter spricht kein Wort **N**iederländisch.
4. Mit **E**nglisch kann man sich überall verständigen.
5. „Chance" sollte man **f**ranzösisch aussprechen.
6. Auch in **L**atein ist Svenja ein Ass.
7. Auf **S**panisch heißt „danke" „gracias".
8. Im Unterricht diskutieren wir meistens **e**nglisch.

10
Nomen: *zum Abend, am Vormittag, der Donnerstag, gegen Mittag, jeden Samstagnachmittag*
Adverbien: *morgens, frühmorgens, nachmittags, samstagmorgens, mittwochs*

11
1. **a**bends | **2.** jeden **M**ittwoch | **3.** der **N**achmittag | **4.** am **S**onntagmorgen | **5.** **d**onnerstags und **s**onntags | **6.** gegen **A**bend | **7.** **m**ittags / zum **M**ittag | **8.** **s**onntagvormittags

12
Seit vorgestern sind wir auf der Insel. Während gestern den ganzen Tag die Sonne schien, fing es heute Morgen an, diesig zu werden. Seit gestern Mittag haben wir kein Wasser mehr. Einige aus der Mannschaft haben Anzeichen von Skorbut. Wenn wir bis morgen Abend keine Quelle gefunden haben, müssen wir Salzwasser abkochen. Jack und ich werden morgen früh noch einmal losgehen.

13
gestern Morgen | vorgestern | heute Mittag | heute Nacht | morgen | morgen früh

14
1. Ich habe seit Mittwoch nichts mehr getrunken.
2. Besonders abends stechen die Mücken.
3. Wer soll die Wache um Mitternacht übernehmen?
4. Letzten Sonntag glaubten wir uns fast am Ziel.
5. Kommende Samstagnacht gehe ich mit auf den Spähtrupp.
6. Bis morgen Vormittag halte ich das nicht aus.
7. Am schlimmsten ist der Durst mittags.
8. Der Insektenbiss von gestern Abend ist feuerrot geworden.

15
1. die Schwäbische Alb | **2.** der Heilige Abend | **3.** der Erste Mai | **4.** der Bayerische Wald | **5.** der Westfälische Friede | **6.** das Weiße Haus | **7.** der Dreißigjährige Krieg | **8.** die Vereinten Nationen

16 **1.** die Königliche Hoheit | **2.** der Heilige Vater | **3.** der Stille Ozean | **4.** die Olympischen Spiele | **5.** das Neue Testament | **6.** das Rote Kreuz | **7.** der Erste Weltkrieg | **8.** das Zweite Deutsche Fernsehen | **9.** der Alte Fritz

17

1. der **a**tlantische Tiefausläufer	der **A**tlantische Ozean
2. der **S**chwarze Kontinent	der **s**chwarze Sand
3. das **G/g**elbe Trikot	das **g**elbe Buch
4. der **n**ahe Urlaub	der **N**ahe Osten
5. das **F**leißige Lieschen	der **f**leißige Schüler
6. der **s**chiefe Bau	der **S**chiefe Turm von Pisa
7. die **H**eilige Schrift	die **h**eilige Messe
8. die **w**eiße Wand	die **W**eiße Frau

18 **1.** angst und bange | **2.** schuld | **3.** recht | **4.** ernst | **5.** gram | **6.** leid | **7.** pleite

19 **1.** **l**eid | **2.** **R**echt | **3.** **S**chuld | **4.** **E**rnst | **5.** **A**ngst | **6.** **P**leite | **7.** **g**ram | **8.** **B**ange

20 **1.** **r/R**echt | **2.** **L**eid | **3.** **e**rnst | **4.** **S**chuld | **5.** **A**ngst | **6.** **G**ram | **7.** **P**leite | **8.** **B** ange

21 **1.** die meisten | **2.** wenige | **3.** der eine / der andere / ein wenig | **4.** etwas anderes | **5.** manche (einige) | **6.** einige (manche) / den wenigen | **7.** nicht vieles | **8.** das meiste | **9.** die anderen

22
1. Heute haben wir unter anderem den Ausflug geplant.
2. Jeder Einzelne durfte einen Vorschlag machen.
3. Die meisten wollten Kanu fahren.
4. Nur wenige waren für das Schwimmbad.
5. Jan sprach sich als Einziger für das Museum aus.
6. Die anderen haben laut gelacht.
7. Jan störte das nicht im Geringsten.
8. Alles Weitere besprechen wir morgen.

3. Fremdwörter

1
b. Frisör, Portmonee
c. Bukett, Soße, Bravur, Nugat, Kupon, Majonäse, Polonäse

2 Im Spätsommer setzt sich der Intendant mit dem Regisseur zusammen und entwirft einen Einsatzplan: Es müssen ein Thema gefunden werden und Einladungskarten an die Abonnenten verschickt werden, das Buffet muss zusammengestellt, die Räume aufgeteilt und das Orchester in Combos eingeteilt werden. Die Dekorateure und Frisöre entwerfen Frisuren und Dekorationen sowie Kostüme für die Kellner – aus Kostengründen werden es wohl einfache Trikots sein. Tische und Stühle müssen bestellt und zunächst eingelagert werden.

3 Montage, Monteur | Reaktion | Motiv, Motivation | Deklaration | Flaneur | Redaktion, Redakteur | Kasse, Kassierer

5 Flaneur | Lokomotive | Munition | Deklaration | Ingenieur

6 **1.** Konfekt, Doktor | **2.** Dialekt, Kontakt | **3.** Stalaktit, Produkt | **4.** Konflikt, Direktoren | **5.** Insekt, Kaktus

7

k	a	k	o	p	h	o	n	i	s	c	h
		R	a	k	e	t	e				
					d	e	f	e	k	t	
			P	r	o	j	e	k	t		
		k	o	r	r	e	k	t			
				D	i	k	t	a	t		
	S	t	a	l	a	g	m	i	t		
		S	t	a	l	a	k	t	i	t	
e	l	e	k	t	r	i	s	c	h		
		p	r	a	k	t	i	s	c	h	
				K	o	n	f	l	i	k	t

8 Delfinarium, zivile, Turbinen, direkt, Turbinenanlage, Delfine, Turbinen, Maschinen, Delfinen

9 Maschine, Mandarine, Anchovis, Virus, Turbine, Apfelsine, Vitamin, Remise, Delfin

10 *Vorschläge:* Die Delfine tummeln sich im Meerwasser. Die Maschinen werden in der Remise abgestellt. Die Anchovis schwimmen im Meerwasser. Apfelsinen und Mandarinen enthalten viele Vitamine. Die Turbinen werden mit Öl gefüllt, dann laufen sie zivil. Viren machen krank.

11 Maschine, Produkt, Schokolade, Konfekt, Architekt, Gelee, Mayonnaise, Polonaise, Gourmet, Praline, Saison

13 *Produktionshalle* | *Gourmet* | *Architekt* | *Institution* | *Laudatio*

4. Getrennt- und Zusammenschreibung

1

U	N	T	E	R	S	U	C	H	E	N	K	B	H	U
S	F	S	C	H	L	A	F	W	A	N	D	E	L	N
D	Ü	T	H	M	G	F	R	I	F	U	S	F	S	T
H	B	Ü	B	E	R	R	E	D	E	N	A	D	A	E
K	E	F	T	H	L	D	T	E	S	T	Z	K	F	R
Ö	R	K	F	D	E	S	R	R	E	E	E	A	L	S
J	F	L	T	H	G	W	E	S	A	R	K	G	R	C
L	A	G	R	K	E	E	R	P	F	W	W	E	T	H
K	L	H	H	I	N	T	E	R	G	E	H	E	N	R
I	L	I	E	B	K	O	S	E	N	R	E	E	Z	E
U	E	J	G	N	K	A	R	C	E	F	R	S	J	I
E	N	Ö	J	L	D	E	W	H	T	E	T	D	Ü	B
L	A	N	G	W	E	I	L	E	N	N	Ö	G	L	E
D	F	G	K	E	A	S	A	N	V	N	M	F	D	N

2 wiederholen, frohlocken, langweilen, untersuchen, unterziehen, schlussfolgern, vollenden

3 *auf-:* aufstehen, aufgehen, aufschauen, aufsehen, aufwerfen, aufgeben, aufhalten, auftreten, aufleben
aus-: ausgehen, ausschauen, aussehen, auswerfen, ausgeben, aushalten, austreten, auslachen, ausleben
ab-: abgehen, abwerfen, abgeben, abhalten, abtreten, ableben, abstehen, absehen, abschauen
hin-: hingehen, hinschauen, hinsehen, hinwerfen, hingeben, hinhalten, hintreten

4 *Vorschläge:* auffallen → *er fällt (in der Schule) auf* → *er ist (in der Schule)* ***aufgefallen***
ausgehen → *sie geht (am Abend) aus* → *sie ist am Abend* ***ausgegangen***
abbrechen → *er bricht (das Studium) ab* → *er hat sein Studium* ***abgebrochen***
auslachen → *sie lacht (den Lehrer) aus* → *er hat den Lehrer* ***ausgelacht***
aushalten → *sie hält (den Schmerz) aus* → *er hat den Schmerz* ***ausgehalten***
ausrechnen → *sie rechnet (den Preis) aus* → *sie hat den Preis* ***ausgerechnet***
nachgeben → *der Klügere gibt nach* → *der Klügere hat* ***nachgegeben***

5 **1.** *Seit meinem 18. Geburtstag darf ich endlich Auto fahren.* | **2.** *Der beste Schüler des Jahrgangs muss auf der Abiturfeier eine Rede halten.* | **3.** *Im Winter kann man hier auf dem zugefrorenen See Schlittschuh laufen.* | **4.** *Früher, als es noch keine Waschmaschinen gab, mussten die Menschen mit der Hand die Wäsche waschen.* | **5.** *Meine Eltern haben ein Klavier gekauft. Jetzt kann ich auch zu Hause Klavier spielen.*

6

A	J	G	F	S	A	I	E	S	S	A	T	J	K	Ö
D	T	H	E	I	M	G	D	S	A	A	I	E	W	N
W	H	E	E	R	K	E	H	R	E	N	N	D	U	F
R	O	I	D	R	F	D	A	I	E	S	E	W	N	D
G	A	M	A	E	F	Ü	H	R	E	N	D	S	D	S
H	F	F	W	D	A	F	J	K	Ö	H	R	I	E	A
J	G	A	T	E	I	L	S	W	D	F	Ö	R	R	N
H	S	H	D	G	G	H	I	E	R	T	F	R	H	E
G	I	R	D	S	T	A	T	T	C	D	K	E	L	H
D	U	E	D	R	Ö	B	Ä	T	F	A	F	W	S	M
P	Z	N	A	W	R	E	G	M	Z	I	J	E	I	E
E	Ö	F	T	F	I	N	J	A	W	A	N	R	I	N
J	K	E	E	F	R	F	R	C	G	H	I	D	O	G
Q	G	E	I	F	R	E	I	H	G	G	F	E	E	J
S	E	T	L	D	A	W	R	E	F	G	Z	N	D	N
A	D	S	N	E	H	M	E	N	S	A	S	V	E	M

7 **1.** *Ein Asyl suchender Afrikaner wurde vom Grenzschutz abgeschoben.* | **2.** *Eine Furcht einflößende Gestalt trat aus dem Dunkel.* | **3.** *Der Aufsicht führende Lehrer wurde auf der Rückreise am Straßenrand vergessen.* | **4.** *Ein Handel treibender Geschäftsmann wurde wegen Betrugs in England verurteilt.*

8 **1.** *Der Junge nahm freudestrahlend die unglaubliche Menge an Weihnachtsgeschenken entgegen.* | **2.** *Die geheimnisumwitterten Schlösser und Seen in den schottischen Highlands ziehen viele Touristen an.* | **3.** *Die mondbeschienene Landschaft gefiel ihm besser, als dies bei Tageslicht der Fall war.* | **4.** *Schon das kleinste Geräusch ließ ihn angsterfüllt umherblicken.*

9 sitzen bleiben, spazieren gehen, fallen lassen, gehen, stecken lassen

10 gehen lassen, stehen bleiben, stehen lassen, kommen lassen, sitzen bleiben, sitzen lassen, liegen bleiben, liegen lassen, steigen lassen

11 **Schnapsdrosseln**
Eine große Anzahl von Drosseln machte in einer kleinen Stadt in Kalifornien auf sich aufmerksam. Ein Anwohner, der gerade seinen Geburtstag feierte, dachte, es handle sich um einen Geburtstagsscherz, bei dem ihm Freunde singend gratulieren wollten. Als er sich lobend bedanken wollte, bemerkte er, dass draußen niemand war. Er sah jedoch eine große Anzahl Drosseln, die singend umherflogen. Das Schauspiel wollte nicht enden, der Gesang begann sich zum Lärm zu steigern. Bevor er fast rasend wurde, stürzte er aus dem Haus. Er wollte ein paar der Schreihälse gefangen nehmen, was ihm auch teilweise gelang. Er musste feststellen, dass das Verhalten der Tiere sehr ungewöhnlich war. Nach einer halben Stunde war der Gesang verstummt. Zu seinem Erstaunen lagen fast alle Vögel auf dem Boden.
Es stellte sich schließlich heraus, dass das Verhalten der Tiere auf Trunkenheit zurückzuführen war. Sie hatten gegorene Beeren im Garten des Geburtstagskindes verzehrt.

12 singend gratulieren, lobend bedanken, singend umherfliegen, rasend werden, gefangen nehmen

13 gestört werden, geschenkt bekommen, getrennt leben, verloren gehen, gefangen halten, lobend erwähnen

14 *Verben muss man kleinschreiben.* | *Mein kleiner Bruder hat seinen Aufsatz so klein geschrieben, dass man ihn kaum lesen kann.* | *Wenn man in der Schule ein Referat hält, sollte man möglichst frei sprechen.* | *Der Richter konnte den Angeklagten keinesfalls freisprechen.*

15

		L	Ä	**S**	T	I	G		*fallen*
				E	W	I	G		*ruhen*
H	I	M	M	**L**	I	S	C	H	*schlafen*
S	Ü	ß	L	**I**	C	H			*schmecken*
R	U	H	I	**G**					*bleiben*

Wortverbindung: *seligsprechen*

16 **1.** *An Fasching sollte man wenigstens eine Pappnase tragen, anstatt Trübsal zu blasen.* | **2.** *Dem Schriftsteller zufolge grenzte die Aussage seines Kritikers an Schwachsinn.* | **3.** *Sie geht infolge ihrer guten Leistungen aufs Gymnasium.* | **4.** *Im Grund hatte sie Recht, aber ihm zuliebe gab sie nach.* | **5.** *Zurzeit komme ich einfach nicht zur Ruhe.*

17 anhand, infrage, zutage, anstelle, aufgrund, zuteil, zuwege, mithilfe, zuhauf, inmitten, zuleide, aufseiten, zugunsten

5. Gleich und ähnlich klingende Laute

1 Schlag → schlagen | lag → (sie) lagen | Freund → Freunde | Urlaub → Urlauber | genug → genügend | wenig → weniger | Geld → Gelder | wahnsinnig → Wahnsinniger | schwierig → schwieriger | Anfang → anfangen | bat → (sie) baten | zog → (sie) zogen | häufig → häufiger | seit → seitdem | Grad → Grade | füllt → (er) füllte | Band → Bande | Volk → Völker | Grab → Gräber

2 **1.** Erfolge | **2.** Lebenswege | **3.** kälter | **4.** Kinder | **5.** loben | **6.** geben | **7.** Verlage | **8.** Helden | **9.** härter | **10.** klüger | **11.** halten | **12.** Welten | **13.** schlagen | **14.** Feinde

3 Stämme → Stamm | vergeuden | Häuser → Haus | Gäste → Gast | teuer | rächen → Rache | Säugling → saugen | entsetzlich | Länder → Land | Häuptling → Haupt | gestern | Kräuter → Kraut | Bäume → Baum | Beute | aufwändig → Aufwand (*aber auch:* aufwendig → aufwenden) | ausräuchern → Rauch | erfreulich | kräftig → Kraft

4 *die letzte Haltestelle einer Straßenbahn:* **Endstation** | *wegschaffen, wegräumen:* **entfernen** | *ewig, unaufhörlich:* **endlos** | *unabänderlich, unwiderruflich:* **endgültig** | *kündigen:* **entlassen** | *alle Waffen abgeben:* **entwaffnen**

5 *ent-/Ent-:* enttäuschen, entspannt, Entgelt, Entscheidung, entgegen, Entzündung
end-/End-: endlich, Endergebnis, Endspurt, Endsilbe

6 *Wieder/wieder:* Wiederverwertung, wiederkommen, Wiederaufbau, Wiederwahl, wiederherstellen, wiedergeben | *Wider/wider:* widerlegen, Widersacher, widerspenstig, Widerrede, Widerspruch, Widerhall

7 *Wiedervereinigung | spiegelt sich … wider | wiedererkennen | Widerstand | Wiederaufbau | wiederkehrendes Problem | widerwillig | widersprechen | wiederum | widerstrebt | wiedervereinigten*

8 *Verben/Partizipien:* totkriegen, totlaufen, totsagen, totgeärgert
Adjektive: todlangweilig, todkrank, todsicher, todunglücklich

9 **1.** totgearbeitet, todmüde | **2.** todschick, Totlachen | **3.** Totschlags | **4.** todelend, totgefahrene | **5.** todernst, Totgeglaubten | **6.** todtraurig, totgeschwiegen

10 *Stadt-/stadt-:* Stadtbezirk, Vorstadt, Stadtteil, Großstadt, Städtepartnerschaft, Industriestadt, Stadtbibliothek, Städtebau
Statt-/statt-: Ruhestatt, stattdessen, Raststätte, stattgeben, Arbeitsstätte, statthaft, Brandstätte, statthaben

11 **1.** In Berlin entsteht nach der Wiedervereinigung ein neues Zentrum, die Stadtplanung läuft auf Hochtouren. | **2.** Der alte Unternehmer dachte daran, in Pension zu gehen. Deshalb suchte er einen Statthalter. | **3.** Die Musikgruppe war so berühmt, dass sie zum Stadtgespräch wurde. Leider konnte das Konzert

aber nicht stattfinden, weil der Sänger krank wurde. | **4.** Anstatt ins Kino ging er in das Stadttheater. | **5.** Das Stadtarchiv befindet sich in der Altstadt.

12 **2.** Sie ist das schönste Mädchen, welches ich jemals gesehen habe!
4. In dem Buch, welches er sich kaufte, standen viele nützliche Dinge.
6. Nicht jedes Rindvieh, welches auf Erden wandelt, hat vier Beine!

13 **1.** Das Nachbarhaus, das leer steht, wird von Gespenstern bewohnt. | **2.** Er hofft, dass sein Freund bald zurückkommen wird. | **3.** Er weiß, dass er zu spät kommen wird. | **4.** Er hat das Buch, das er sucht, noch nicht gefunden. | **5.** Ich habe ihm sein Fahrrad, das ich repariert habe, zurückgegeben.

15

		T	O	D	**E**	R	N	S	T				
				Ä	**N**	G	S	T	L	I	C	H	
	S	T	A	T	**T**	F	I	N	D	E	N		
W	I	D	E	R	**S**	A	C	H	E	R			
E	N	D	L	I	**C**	H							
E	N	T	S	C	**H**	U	L	D	I	G	E	N	
			W	I	**E**	D	E	R	H	O	L	E	N
				W	**I**	D	E	R	L	I	C	H	
		S	T	A	**D**	T	Z	E	N	T	R	U	M
				T	**E**	U	E	R					
			R	U	**N**	D							

16

T	E	N	T	L	A	N	G	B	G	G	U	H	M	T
U	E	R	G	W	I	E	D	E	R	S	E	H	E	N
E	N	T	R	I	N	N	E	N	A	T	T	O	L	W
N	D	E	N	D	L	I	C	H	H	A	L	N	E	I
D	S	E	T	E	U	E	R	W	I	D	E	R	N	D
U	T	A	F	R	L	S	T	A	D	T	R	A	T	E
N	A	U	F	W	Ä	N	D	I	G	T	L	U	T	R
G	T	E	K	I	N	D	W	I	N	E	A	B	Ä	R
A	I	L	E	L	D	M	Ü	D	L	I	H	K	U	U
D	O	L	Z	L	E	M	E	N	D	L	O	S	S	F
E	N	A	B	I	R	E	S	Ä	U	L	E	G	C	E
K	L	U	N	G	E	F	Ä	H	R	L	I	C	H	N
B	L	Ä	U	L	I	C	H	A	N	S	T	A	T	T

Endstation, widerwillig, Länder, Stadtteil, Raub, enttäuscht, Wiedersehen, entrinnen, teuer, erwidern, Stadtrat, aufwändig, Kind, Bär, endlos, ungefährlich, anstatt, endlich, Säule, widerrufen, entlang, Endung, bläulich

Inhalt der Audio-CD (einzelne Titel):

Die Einzeltitel werden zuerst im Ganzen gesprochen, danach in **Diktierabschnitten.**

1. Einführungstext

2. Erkundung des Planeten, S. 17
3. Erkundung des Planeten

4. Ein neuer Schulhof, S. 27
5. Ein neuer Schulhof

6. Exotischer Beruf, S. 31
7. Exotischer Beruf

8. Beim Skatekurs, S. 37
9. Beim Skatekurs

10. Ein Arztbesuch, S. 43
11. Ein Arztbesuch

12. Die geheimnisvolle Insel, S. 49
13. Die geheimnisvolle Insel

14. Ein gelungener Abend, S. 57
15. Ein gelungener Abend

16. Alarm im Delfinarium, S. 63
17. Alarm im Delfinarium

18. Die Konferenz der Tiere, S. 67
19. Die Konferenz der Tiere

20. Die Schule, S. 75
21. Die Schule

22. Naomi und Alan, S. 79
23. Naomi und Alan

24. Die Tugend der Verschwendung, S. 85
25. Die Tugend der Verschwendung

26. Das königliche Spiel, S. 89
27. Das königliche Spiel